Marginales 297

Nuevos textos sagrados

Colección dirigida por
Antoni Marí

Ida Vitale

POESÍA REUNIDA
(1949-2015)

Edición de Aurelio Major

1.ª edición: mayo de 2017

La realización de esta obra cuenta con una ayuda del Fondo Antonio López Lamadrid, constituido en la Fundación José Manuel Lara

FONDO ANTONIO
LÓPEZ LAMADRID

DE APOYO A LA CREACIÓN LITERARIA

Diseño de la cubierta: BM
Reservados todos los derechos de esta edición para
Tusquets Editores, S.A. - Av. Diagonal 662-664 - 08034 Barcelona
www.tusquetseditores.com
ISBN: 978-84-9066-417-9
Depósito legal: B. 6.732-2017
Fotocomposición: David Pablo
Impresión y encuadernación: Egedsa
Impreso en España

TABLA

ANTEPENÚLTIMOS

I

RECURSOS

EL sobresalto fuera del poema y dentro del poema, apenas aire contenido.

Leer y releer una frase, una palabra, un rostro. Los rostros, sobre todo. Repasar, pesar bien lo que callan.

Como no estás a salvo de nada, intenta ser tú mismo la salvación de algo.

Caminar despacio, a ver si, tentado el tiempo, hace lo mismo.

LA GRAN PREGUNTA

¿QUÉ hacer? ¿Abrir al mar la estancia de la muerte? ¿O enterrarse entre piedras que encierran amonitas fantasmas y prueban que fue agua este humano desierto?

VEGETAR

¿SERÁ tan malo vegetar? ¿Habrá que echar raíces, con la permanencia que eso implica? Quizás baste un poco de arena, pero entonces será un cacto lo que venga a nuevo estado. Sin duda será mejor buscar para la experiencia un poco de buena tierra negra, porque tampoco cualquier tierra se presta para la aventura que comienza. ¿Serán suficientes unos brotes? Pero por más que uno se ponga voluntarista, aquéllos no van a aparecer por ningún lado si no logra una mínima raíz. Y para esto se necesita quietud. ¿Hundimiento y quietud?

DEMASIADO TARDE

LO que el verano nos quita, el lugar que el verano nos deja, el don del estornino, su ir y venir ansioso entre su sala de pastos, ¿su selva?, su desaparecer —¿hacia dónde?— con su verdoso salpicado de oro, si el viento de pronto se levanta, si aquella nube, para nada esperada, gotea.

INVERNADERO

LA primera emoción
fue el olor de la tierra
mojada, oscura y fría
en un mundo vidriado.

En sus tiestos, las plantas
desconocidas, nuevas,
me miraron de pronto
como seres benignos
que pedían respeto
dándome su cariño.

Voy por un nuevo reino
donde un zarcillo avanza

y se prende en mi mano,
y todo es muy distinto
y es fragante el helecho.
Pero es hosco este abuelo.

ISLANDIA, 2000

CEIBOS, ceibas, solamente una letra
marca la clara diferencia.
Rojos ceibos y verdes ceibas reinan,
como saúcos, sauces y cipreses,
en la dichosa incandescencia usual
de un sur lleno de cantos y colores.
En Islandia, la isla azul y blanca,
no hay pájaros, tan sólo aves marinas,
ningún canto, pero sólo el de las manos,
manos que mueven no todas las piedras*
para que el musgo nazca y el verde
empiece a cantar, entonces suave.

A TORO PASADO

AHORA es ayer, cuando te imaginabas
contra la gala real del cielo abierto,
en calma. Ahora sí, ya has llegado

---

* No todas, porque las que pueden ser casa de un elfo, en los que muchos creen, se respetan.

[13]

al mercado del inútil saber.
Inesperados ámbares rezagan
un fósil de otro tiempo, llegan sueños,
recuerdos analgésicos, sensatos,
pero sólo algo como algas queda
escurriendo de manos que ignoraron
siempre el arte de asir el bien que huye.
Abrumado lo que se creyó a salvo,
sin fe ya esperas lo poco que resta.

II

UN PINTOR REFLEXIONA

QUÉ pocas cosas tiene
este callado mundo,
más allá de mis Cosas.
Está ese sol que incendia
las paredes vecinas,
los cables del tendido
y aquí no entra porque
qué pensaría el triste,
el alón del sombrero
que, perdida su copa,
ya no abandona el muro
y tengo por la Elipse.
Y las flores de trapo,
que pintadas soñaron
con ser frescas y hermosas
y sobreviven mustias,
¿qué dirían, mis eternas?
Mis ocres, lilas, rosas,
mis marfiles sesgados
por sombras que entretejen
mis líneas adivinas,
son, en su quieto reino.
No importa el sol, afuera.
Que le baste Bolonia
y el ladrillo ardoroso
y en mera luz y sombras
me deje entre mis cosas.
Ya nos encontraremos

si en el pequeño parque,
pinto y pienso en Corot.

Voy a ser aún más leve:
en leves acuarelas
últimas, que precisen
el paso de las formas
por la bruma que sea
un color suficiente.
Pintaré un mandolino
que acompañe la danza
de mis disposiciones
entre sí con sus sombras,
con luces y con trazos
que sutiles abrazan
mis objetos amados.
Y ya toda Bolonia
será de un suaverrosa
sin presunción alguna,
sobre el fatal hastío
sí, decimonónico,
de lecheras y henares,
gallineros y cielos.
Cerca de mis hermanas,
viajaré por mis Cosas.

SUEÑO EN CAMPO NUDISTA

EN Jungborn, en el Harz,
hay colinas y un prado,
y en lo verde, cabañas.

[16]

Con cautela, Kafka abre la puerta de la suya.
No le agrada la idea de ver aproximarse
algún cuerpo desnudo
de los que a veces pasan.
Bajo la poca luz, hay tres conejos
que lo miran, quietos.
¿Adustos? Vienen quizás a reclamarle,
a él, que está vestido, la intromisión
de lo innatural en lo natural:
gente desnuda junto a castos conejos,
arropados en su pelaje suave,
«variegati» diríamos, si ellos fuesen
tres plantas que han optado por moverse,
pero por un segundo estarán quietas.
El aterrado Kafka olvida sus pulmones
y entra a soñar mi sueño.

FOTO CON PAJARITA DE PAPEL

Para Daniel Mordzinski

ENTONCES vino a mi mano
que sin labor se engreía,
para la fotografía,
extravagante y expresa
de Daniel, la gran sorpresa
que instantánea me depara,
esa pajarita rara,
solución harto inventiva,
a la que acompaño viva
y hacia mi muerte la gano.

Origami milagreado,
leve papel ojeroso,
recortado, osteoporoso,
cosa sin hueso que danza,
y escapando a la balanza
que no le pesa, procura
llegar flotando a la altura
para volar con el viento,
como un pájaro entre ciento,
sin canto pero encantado.

HOJAS NATURALES

>... o el arraigo, escribir en un espacio idéntico
>siempre, casa o desvío.
>
>JOSÉ M. ALGABA

ARRASTRO por los cambios un lápiz,
una hoja, tan sólo de papel, que quisiera
como de árbol, vivaz y renaciente,
que destilase savia y no inútil tristeza
y no fragilidad, disoluciones;
una hoja que fuese alucinada, autónoma,
capaz de iluminarme, llevándome
al pasado por una ruta honesta: abiertas
las paredes cegadas y limpia
la historia verdadera de las pintarrajeadas
artimañas que triunfan.
Hoja y lápiz, para un oído limpio,
curioso y desconfiado.

[18]

ACCIDENTES NOCTURNOS

PALABRAS minuciosas, si te acuestas
te comunican sus preocupaciones.
Los árboles y el viento te argumentan
juntos diciéndote lo irrefutable
y hasta es posible que aparezca un grillo
que en medio del desvelo de tu noche
cante para indicarte tus errores.
Si cae un aguacero, va a decirte
cosas finas, que punzan y te dejan
el alma, ay, como un alfiletero.
Sólo abrirte a la música te salva:
ella, la necesaria, te remite
un poco menos árida a la almohada,
suave delfín dispuesto a acompañarte,
lejos de agobios y reconvenciones,
entre los raros mapas de la noche.
Juega a acertar las sílabas precisas
que suenen como notas, como gloria,
que acepte ella para que te acunen,
y suplan los destrozos de los días.

MÍNIMAS DE AGUANIEVE
[2015]

No es el vacío del mucho hablar,
el vaso de estriado cristal
que sin nada se colma de luz.

SE RECOMIENDA

TÚ quieta, aunque
el trapecio todavía se mueva
y te delate.

LEER y releer una frase,
una palabra, un rostro,
sobre todo los rostros,
y repasar, pesar bien
lo que callan.

Va de pájaros

EN el árbol, el pájaro
canta a solas su miedo
de estar solo.

CON el trino de un pájaro
vuelven dos a ser uno.

TORCAZAS:
          esponjados arrullos
que desgajan augurios
desde la altura.

Para la rosa,
telón donde enmarcar
su renovado renacer,
la nube oscura.

EL pájaro preluce
a contraluz, en vuelo,
el comienzo del canto.
La noche dicta el fin.

[27]

PRENDIÓ el fuego en los árboles,
recorrió llama a llama
la materia más muerta.
Salvó el pájaro el canto
en lo aún verde del bosque,
pulcramente limpiándolo
de crujido y ceniza,
dándole sitio al aire.

PROFUNDAMENTE pájaro,
profundamente río,
profundamente cielo
y árboles y árboles
profundos y distintos,
marejada de nubes sobre
golondrinas, cotorras,
palomas, benteveos
y constantes gorriones
y remilgados teros,
silencios con abrojos,
errores tan fatales,
imprecisas historias
de miserias ¿humanas?

¿QUÉ traman los lustrosos estorninos
en círculo, en el centro de un paisaje
no adecuado quizás a este mensaje
de inquietud hecho y de pocos trinos?

[28]

PERTURBAR ABEJAS

EN esta ciudad verde,
no siempre en flor,
a veces hay abejas.
Pero nada tan vano
como abejas sin flores y sin polen.
Un perfume las pierde:
el vaho culinario de las bayas
violetas del junípero
las lleva hacia el desastre:
entran por la ventana,
sobrevuelan el vapor
que va a ahogarlas.

Sólo el equívoco
y dulce disparate
pone el caos en orden:
algo de miel en el alféizar
desata el nudo apiario
y las quita del sitio equivocado
que adelanta su muerte.

Ahora ¿quién las guarda?,
¿adónde huyen cuando todo se nubla?,
¿qué flor mínima encuentran?

ASCUA DE NADA

TODO con prisa pasa,
sol y palomas,

[29]

celebraciones, mermas,
presente o rastro.
Todo apenas residuo,
noción perdida,
alegato vencido,
ascua de nada.

CONTAR EL TIEMPO

UN metrónomo sobre el tiempo,
como un gas inflamable sobre el agua.

CEGAR LA LUZ

DESAGRADEZCO días degradados.
Amanecimos mal, el día y yo.
Pueden llover desgracias,
aunque no sepa cuáles.
Con un cierto pavor,
ruego por menos luz,
que sábanas me cubran
y alejen la ciénaga que traga.
La aceptaré otro día
pero no hoy, hoy no.

NELL'ORA CREDULA*

ENTRÉ en la tarde
por donde no debía y la sorprendo
en el ritual para abrir el otoño:
quizás aún son amarillos
los naranjas, no alcanzaron
los rojos un matiz amaranto
y sorprendentes verdes brotan,
distraído rezago.
Debo olvidar los pequeños errores,
volver por donde vine a la paciencia,
corregir mi reloj, único errado.

* Giuseppe Ungaretti.

Vértices, vértigos

EL sol ha vuelto.
Sólo Matisse lo supo
al notar el preciso retorno
de aquel matiz perdido
—aunque no para él—
sobre una hoja.

SUBE el órgano,
nota a gota profundo,
crece su bosque
con banderas
de reflejos y sombras,
inapelable pulsa:
dichoso corazón,
nunca en la periferia:

cálido centelleo
insaciable en lo bello,
Haendel.

AL FIN

LLUEVE en infinitas verticales.
¡Ah, de las plantas!

[35]

Nada me responde.
¡Ah, de las muchas que he cuidado!

Nunca sabrás si alguna vez
llegaste al excéntrico centro del bosque
o si siempre has estado
en su impreciso límite.

Sube un relente de impaciencia
de lo único árido:
                              pobres almas lejanas.

COLORES FRÁGILES

DECIMOS verde agua,
¿qué agua, de qué vaso?
Hoy este río es verde,
profundo verde de árbol,
verde o azul, de pájaro
o piedras más o menos preciosas.
Pero otro día es torvo,
como se puso aquella
mirada hacia la tarde
y piensas en la rara
fragilidad del gozo
y en la escapularia
protección que persigues.

VARIACIONES DE LA NADA

BAJO el azul Francia
de un austinita cielo de verano
arden las luces rojas
de un semáforo a solas:
arcos triunfales
hacia la nada,

como el arabesco sin raza
que la vida impone a la vida,
como la brasa que concluye
ya para nada requerida.

SAL SONORA

RUIDOS ingratos de la ciudad,
un auto pasa pero no pasan ellos
porque otro suma lo insoluble.
Lejos o cerca, todo busca
integrar el ultraje sonoro.
Un grajo grazna su reclamo.
El ruido tiembla, árbol arriba,
alto brota en el farol del día
o cae sumando su redoble
a la emisión que nos persigue,
aura sonora que, invisible,
como a una planta herida viene
con su venda de sal a atarnos.

Reconozco que se me caen las lágrimas

N.P.

MIS cielos y penínsulas,
mis mujeres y hombres,
los que la insensatez persigue,
mi eterna adivinanza entre
gritos de benteveos o gaviotas
sobre la espuma blanca,
cuya imagen regresa sin fatiga,
seguirán ya sin mí su travesía:
todo lo concentra y protege
una furtiva lágrima.

¿OLVIDAR la distancia,
disolviendo otro olvido,
avanzar por la arena
sin levantar castillos?

Con precisión inerme
cava el límite amargo
donde filtrar palabras
que no quieran oírte.

Olvida, sí, el delirio
de luchar con augures
y escombros. Mira sin afirmar.
El futuro no es tuyo.

Vestigios

1- EL grillo sin engaños
ensarta perfumes en su aguja,
en la noche los alza.

2- DESDE un colchón de nubes
un gato blanco salta
a las ramas de un árbol:
luna amistosa.

3- A través de la niebla
pasa un llamado
que no se llena de alas doradas
y que no colman
palabras vagas.

4- EL árbol no cede
una hoja gustoso.
Sabe que lejos de él
sólo será hoja seca.

5- EN las ciudades,
los gallos llegan en jirones.

6- LOS caracoles bordan
sobre el pasto
su pretensión de lujo.

7- NO respiran los pájaros:
por su canto respira el mundo.

8- Y no canta el jazmín;
su perfume es la endecha
que hacia el aire traslada.

9- MUERE la muerte:
el fin de la semana
se suspende el trajín.

10- UN destino posible:
irse, sobrando.
De la nada a la nada.

MELLA Y CRIBA
[2010]

Pequeño teatro familiar

UN TÍO

DE un jardín, el resumen
bajo una claraboya.
Entre plantas sin flores
para recuerdos tristes,
el siempre solitario trazó
su ruta de irrealidad,
el repetido hastío de décadas iguales.

Joven, perdió su vida;
viejo, murió sin saber cómo armar
las cenizas del resto.

LECCIÓN DE HISTORIA

QUE una moneda antigua,
hallada —¿por azar?— en el jardín,
te enseñara una fecha: 1804
y un dato no ficticio:
Napoleón rey de Italia,
importó menos que,
abierto el campo
de ilusa fantasía,
luego de la lección de cosas,
el bronce atesorado
se disipara sin palabras.

Quedó en el aire

[53]

algo de Historia y Algo
todavía sin nombre:
un comienzo, la insana
costumbre de observar,
atar cabos, alcanzar
la no errada visión
de algún prójimo horrible.

Saber que nada es tuyo
para siempre.

AMAR A UN CONEJO

TE dieron un conejo.
Te dejaron amarlo
sin haberte explicado
que es inútil amar
lo que te ignora.

EL OJO

TESTIGO de transparencias tristes,
veías pasar un mundo
a saltos entre noblezas y miserias.
Aprendiste de mordientes visiones
a mirar lo encubierto.
No fue el velo de Maya
lo ganado.

[54]

Ciudades

MEDICIÓN DE DISTANCIAS

SI una ciudad no late,
hasta un árbol es nada
y un balcón es tronera
o precipicio.
Serás el prisionero
a quien nadie vigila,
en propio pecho encarcelado.

Entiende lo incomprensible
y ámalo. Ocupa el revés del intento:
sé cardo, cuando llegaste como lana,
piedra, cuando, hilo de seda, flotarías.

AUSTIN

EL pensamiento va
de una casa a los árboles,
se detiene en un pájaro.
Una esquina, una nariz extraña
se funden y alejan el rayo de luz,
las graves, interiores inercias.

Todo es suma de partes:
debería aprender cuáles forman
esto que avanza

o retrocede inescrutable
por la ajena ciudad que me ha aceptado
en sus misterios inasibles:
distancias aun no sumadas y tatuajes,
pocos susurros, arrebatos dementes,
prescindibles noticias aventadas
al oído en que caigan,
algo vago que reemplaza las almas.

Un enclave muy íntimo
se duele de la huella del monstruo
en el camino que nadie cree seguir
y yo sospecho.
Esa quimera de lucidez es
vago consuelo.
para un itinerario ciego.

PADUA

A Celina, Jorge y Federico Damonte

MINÚSCULOS cristales en guirnalda,
entre las ramas tienden su capricho
de luces ilusorias, que fragmenta
la brisa. Tras tal lujo invernal,
tras diamantes de hielo así enhebrados,
está la araña en su secreto hilván,
trazo que entra en la gloria y se destruye.
La diurna luz de Navidad acepta
el perfume que viene desde lejos,
del amarillo ilang ilang que vuelve
por los aires filosos, por las brumas

[58]

que la niñez no olvida: lo insumiso
en el batallador paduano invierno,
se engríe por lo fiel de tu memoria.

En su óvalo, quietas, las estatuas,
con su mirar de camposanto solo,
aguardan el desfile de la historia.
La nutria en el canal, inesperada,
¿fue un ideograma impreso en el absurdo
del paisaje que no tuve por suyo?
Un café gentilísimo conserva,
abierto a cuatro vientos, otro tiempo,
el paso de Stendhal y un aire amable,
para el iluso, de encantado anillo.
La judería, Giotto, arenas, muros
se zurcen en el tiempo del perfume
que pasó la muralla de la infancia.

Es la amistad que viene del pasado:
un milagro que al santo escarapela.

ROMA

CORRE la mañana por el Campo dei Fiori,
pato que chillando
logra eludir manos audaces.

Entre el comercio de hoy
y voces de los siglos,
saboreamos un cielo tan azul
como lo que una novia pide

[59]

en viaje hacia su boda
y que acaso se mira en algún cuadro.

Hacia el mal, hacia el bien
otros pasos pulieron
estas piedras, ya
venerables como ellas.
Más que el foro
y sus ruinas,
más que las vaticanas maravillas,
estas voces exclaman
o dicen la vida diaria,
las humanas desolaciones
y las gracias:

lo que se parece a la noche,
lo que se parece al mediodía.

CÓRDOBA, LUNES

CAE la luz en lunes sobre Córdoba.
Vengo de las Tendillas
al trajín de la calle de Cruz Conde, donde
giraban tantas golondrinas locas
en el pozo de tan poco espacio.
Trizan su alarma entre la trampa
del mar de azahar que aquí
se preserva del mundo.
Tejen sobre nosotros la red inoperante
que no salva el desplome
—fin de su gloria diaria—

[60]

de lo que aquí atardece.
Se apaga ya la maravilla,
pero el Guadalquivir —que no es Leteo—
en tiznes y goznes de estos vuelos
me guardará su vértice de cielo.

abril, 2007

GRANADA DE NICARAGUA

EN un mar que no es mar,
sino engañoso inmenso lago,
mar dulce para asombrados españoles,
un volcán obstinado volcó islas,
más de trescientas verdes islas como sílabas
que se buscan para decir sus cosas.
Un olor sin doctrina flota en las aguas dóciles.

Cuerdas de golondrinas
—arriba son guirnaldas—
graban en la memoria esa gracia tendida,
un cantábile súbito de lo verde a lo verde.
Pero dónde concluye esta paz, a lo lejos,
paz de jardines solos y cercanos,
las aguas callan y se encrespan.
No sabré lo que sigue.

[61]

MONTEVIDEO, 2

MONTEVIDEO era sencilla y verde,
quebradiza de tanta línea recta,
ángulos como esquinas para el sueño
mientras a éste lo ayudó la suerte.

Pero sobre lo escrito por la historia
que alguien quizá sabrá leer mañana,
ingenuidad y errores han pasado
y nació el palimpsesto de la trampa.

Se lavó la confianza y la alegría,
el gusto a abierto corazón del viento.
¿Regresarán en luz de las ventanas?
¿Tanta presbicia vuelve inútil todo?

Los jóvenes, ¿podrán ganar de nuevo
el campo de alma que les ha quitado
un carnaval que dura en la tristeza
de los que callan lo tergiversado?

Luna llena, tierra vaciada

LUNA LLENA, TIERRA VACIADA

BLANCO talón nunca alcanzado,
riza las dóciles mareas,
sosiega pájaros inquietos,
mientras desnudo viene y va.
¿Qué en nosotros responde a ese
grumo de luz que nos vigila?

Quizá un secreto mar de sangre,
en cárcel provisoria preso,
empieza ahora a aglutinarse
y concluya una paz de pluma
ahogada en bruma de luz blanca
sin arrostrar lo que atrás queda.

En la alta alcándara, un misterio,
abajo, agujas en el agua.
Luna llena, tierra vaciada
y una mentida calma. Huyen,
último acorde de un redoble,
los derrotados pasos solos.

RELACIONES TRIANGULARES

HACE un rato
que en la encina cercana
protesta un grajo.

[65]

Mi vecina, la gata
blanquinegra e inaudible,
asoma en la ventana.
Mira al árbol
y encerrada imagina
la aventura riesgosa.
Mira al grajo y me mira.
No sabe a quién apoyo.
Para alguien que no existe
un raro trío hacemos
en tres lenguas distintas,
dos silencios y el ruido
del grajo inaccesible.

ALIANZAS DEMENTES

EL grajo busca al hombre,
confía en sus manjares,
acepta las dañosas ofertas
y devora con breve cuerpo
los venenos que encuentra,
pingües constelaciones
de males del futuro
en dulces o saladas bazofias.
Sus artejos torcidos,
sus patas mutiladas,
sus formas que eran sabias
son gorjeos de muerte.
Ignora que la humana libertad
relativa tiene el gusto suicida
por pluma de sus alas.

SEQUÍA

EN lo que tenaz se deshoja
se nos van el jazmín y la rosa.
Ni temblor ni cadencias:
en las encinas obvias
sólo estorninos quedan.

Casi informe, a la sombra
del muro, un bulto solo,
un cuello oscuro y ralo,
en el sofoco de la tarde pía
por una piedad de agua.

Será, si sobrevive, un grajo airoso,
intensidad presente
en otras estaciones,
si la armonía posible
no lo pasa por alto
y llega al tiempo azul
de su forma arrogante.

SINSONTE Y MARGARITAS

DE nuevo aquí el sinsonte,
el ruiseñor del día,
acróbata por los aires de plata.
De nuevo es marzo,
para él feliz, y danza
y en ese impulso vuelan trinos
desde el mástil muy alto

el más cercano borde del azul,
vacila, lo borda por segundos,
recompone una malla,
tensa un vacío, mira con ojo exacto
las quietas margaritas
y vuelve, en un vuelo gracioso,
vigía sin paz,
a la misma, persistente atalaya
donde lo descubrí.
No le importa, sensato,
lo pasajero, lo que abajo pasa,
gente sin ton ni son,
sin música,
agobiada de urgencias.
Él canta por su especie
como no lo hace el hombre.

INVIERNO

COMO al ras de la brisa,
temblando está la rosa.
El invierno con tiza
pinta la mariposa
y baja por sorpresa
el telón de la helada.

Cada planta encerrada
tras un vidrio, en vitrina,
en desmayo parece
sólo proyectar sombra
y la luz adolece,

triste, de sal marina.

Potrillitos de escarcha,
casi recién nacidos,
estar de pie no pueden,
jugando a ser rocío
al pie de la ventana.
¿Llegarán a mañana?

Lo incierto es recio como
el hierro, el frío mismo,
todo lo que es violento.
Mientras arriba el viento
y echa a suerte las aves,
sólo música o libros
el verano resguardan.

GRILLOS

LOS pies resplandecientes de la torre
se cubrieron de un negro merodeo
de élitros. La humedad luminosa
convocaba a un inusual concilio.
Andar sobre lo que se mueve y cruje
perturbó a algunos seres delicados.
La noche original fue restaurada.

Esta vez ganó el grillo la partida.
Sin engaños cambió la luz por sombra,
reinó aceptando los perfumes solos
y pagó con la oferta de su canto.

[69]

RELICARIOS

LA nostálgica pata del perro en tu rodilla,
el belfo agradecido del caballo en tu blusa,
la quietud ambiciosa del sapo acariciado,
la confianza en tu mano del petirrojo inglés.

Armas

ARMAS:
  para Joyce,
las permitidas eran
silencio, exilio, astucia.
Asumir lo negado
tejer con hilos residuales,
la doblez, silenciarla:

puentes sobre la zanja
de la triste cautela.

Siempre apartarse,
cavar callada madriguera,
aunque algún pie, al tropezar en ella,
deshaga las defensas.

Magia sobre las ruinas
como anillo secreto.
El silencio, el exilio:
      astucias negativas.
Pero que el silencio
sólo se adscriba a la palabra.
¿Cómo pensar su filo
aplicado a la música?

ÁLAMOS

TANTOS cantaron
a los álamos
mientras ellos, los álamos,
no lamentan sequías,
ni el viento
que desmenuza
cada murmullo,
ni las guerras.

Y cantan.

El árbol vuelve
música todo
y la palabra sin dianas
nada agrega.

EL LENGUAJE DE HÄNSEL

PERDIDA en la espesura
del lenguaje,
dejaste caer guijarros mínimos,
signos de salvación,
para que los recogiese el advertido.
No era efímero pan.
Pero, incomibles,
se los traga la tierra:

Y sigues penetrando
en la floresta silenciosa,

[74]

aunque la veas cerrarse
tras tus pasos.

LIBRO

AUNQUE nadie te busque ya, te busco.
Una frase fugaz y cobro glorias
de ayer para los días taciturnos,
en lengua de imprevistas profusiones.

Lengua que usa de un viento peregrino
para volar sobre quietudes muertas.
Viene de imaginaria estación dulce;
va hacia un inexorable tiempo solo.

Don que se ofrece entre glosadas voces,
para tantos equívoco, se obstina
en hundirse, honda raíz de palma,
convicto de entenderse con los pocos.

ESCUCHO A MUTSUO TAKAHASHI

BAJO casias y ceibas y cedrones,
entre el ratán y el romerón,
en el jardín terrestre,
dice el poeta japonés la vía
por la que vamos a otro jardín
más alto.

Sube —un vapor— su voz
al cielo.
Del canto de los pájaros
                    cae,
como verdad absorta,
el piar de las horas.

UN DESIERTO DE NADA

BAJO la pálida
lluvia de luz de la ventana,
inconclusos poemas,
fantasmas de lo que no ha sido,
alzan sus banderas,
las derrotan y mueren.

Bajo la pálida
lluvia de luz de la ventana,
flota una especie blanca,
me digo,
un desierto de nada.

GRATITUDES DE VERANO

EN el verano:
viento de la esquina,
verde sobreviviente en la sequía,

tenue, obstinada nube que aparece
y cruza sola el cielo imperturbable,
agasajo de la sombra del árbol,
vaso de agua al regreso: muchas gracias.

Rapado, el pasto tiene olores
a pequeño cadáver indeciso,
otra culpa del verano profundo.
Desolada de ferocísimo sol,
esta pared lo escupe. Sólo faltan
tristezas de pájaros agónicos
para mojar el borde de un pañuelo.

A ti, alfabeto,
gracias te sean dadas,
por acudirme, pese a esta miseria:
musitas y aminoras con memorias
de milagrosas y narradas lluvias,
de mares y manzanas, tanto agobio,
que olvido este calor y que aún lo escribo.

Visión oscura

VISIÓN OSCURA

AL tajo de penumbra
resbalan posos de otros días,
mientras, tras los vidrios velados
veo partir los indecisos estorninos.

En la ventana recalan
ecuaciones, no su angustiosa solución,
no su elusión. Si torpes,
quizás no sean inútiles ni tramposas:

las plantean fantasmas que,
ajenos a tentación o cautiverio,
apenas dicen que ya pasó su tiempo
y se evaporan hacia un silencio
que ya no oculta nada.

PREGUNTA RETÓRICA

DÓNDE ha volado, no,
dónde ha caído,
arrugado e inútil,
el día que perdimos,
el tristísimo día,
malhumorado, inválido,
cubierto por las furiosas
escamas de la asfixia.

Pusimos un metrónomo
sobre el tiempo,
como gas inflamable sobre agua,
y el crepúsculo nos va a llegar
obsesivo y baldío.

La vida así se engaña
hacia la rama alta
para allí desplomarse.

MAGNITUDES IMPROBABLES

¿UN día como otro?
¿Un cielo azul igual
a otro cualquiera?
¿Es idéntico un sol,
venga del cielo, de voz o de violín?

¿De dónde la ventura,
la desdicha o esta neutralidad?
¿De un sueño incierto,
de una sonrisa matinal, ausente,
de un papel derrotado?

Preguntas para oráculos
que vinieron a menos:
como si uno o dos
fuera lo mismo.

[82]

EL REPARTO

EL reparto es casual:
nada aterriza donde debe,
donde debería distribuir tesoros
se atribula.

El reparto, siempre injusto,
se asusta, pero,
y eso es lo absurdo,
no deja de insistir.

En la noche
que anunciaron radiante,
al fin le advertirán
que no habrá amanecer.

EQUIDAD

¿PUEDE volar un pájaro
dormido? ¿Puede lo justo
aceptar lo injusto en su peldaño?
Como si grados, escalas,
suspendieran la fundada aversión.
Sigue abierta la falla que te excluye,
aunque ecuánime olvides no aceptarla.
Una loza no calza con la otra,
a ras de la obstinada, opaca negación.

Sólo teme arraigarte,

[83]

cerrando proporciones:
pisas aquel delirio de verdades,
su justicia, sus horas, sus regalos,
si ya aceptas, si escuchas en silencio,
demoler escalones de lo cierto
y levantar siniestros y tozudos,
burocráticos ramos de mentiras:

lengua mendaz, votados y votantes.

TODO ES TELÓN

PRIMERAS marionetas y suplentes
en arbitrar prodigios de falsía
y frisos de mentiras aún activas,
rumorosos trabajan, tensos borran
las pequeñas verdades, las opacas,
ésas por las que nadie paga nada,
aun menos las primeras marionetas.

MENISCO

POR donde pasa el peso de la vida
algo falló, falleba mal cerrada
y entró un poco de mal, no lo terrible.
Un desnivel de piedra y un descuido:
la porosa sustancia, el no visto
cartílago, almohadilla ignorada

entre frágiles cóndilos, tan útiles,
se desgarró, en su secreto nido.
Como pasaron años, tan clementes,
es justo, ahora, que la muerte llame,
con este sobrio, casi mudo aviso.

NUNC IPSUM

PACIENCIA contra impaciencia,
la memoria espera que pises
los musgos de una esquina indecisa
y esa forma de la nube que llega
te traslade como dragón benigno
a la dormida escalinata,
al tiempo distante,
para que detengas tu mano,
cartomántica en pausa, sobre seda,
para la serenata, sí serena,
en que un arco del tiempo
se detiene y te ampara.

Nacimos, sí, para morir nacimos.
Pero antes, cuánto es vida suave.
Quizás imaginaste un índice funesto
en líneas que eran caminos salvos,
oros de la memoria,
aire de cada orgullo secreto y justo,
los jades o las hiedras del afecto ganado
y aquello que fue bueno perder.
Y eso será lo vivo de tu muerte.

[85]

LA SUTURA

TAN sutilmente fina,
podría ignorarse
la peligrosa falla que tira
de los secretos hilos
y a partir de un instante
invade la labor tejida.

¿Qué puedes
por el desmoronado diseño?
Ahí está el corte
que progresa escondido
bajo la sutura lograda,
también fina.

Temo ya no saber hacer
lo que no debe verse
aunque
irse del mundo
pida dejar algo
—como sea—
en pago de la ausencia.

Lo firme

MI HOMENAJE

MI homenaje
al que plantó cada árbol
sin pensar, para siempre.
O acaso imaginando al desunido
que un día lo convoca,
lo celebra.

A lo que no obstante el mediodía,
se da en glorioso atardecer.
A todo lo que ocurre
sin ser más que eso: algo.
Al conductor del ómnibus,
cumplido, sonriente,
que levanta una tarde
con su simple saludo.
Al pájaro que pía.
A quien en su país desvencijado
ose decir su parecer riesgoso.
Al que en el valle
recuerda que hay montañas
y en una gota de agua,
olvidando la niebla,
tiembla ante la sequía
y el desierto ofrecido.
Al banco cuya húmeda madera
me acoge y me refresca,
mientras el tormentoso verano
no da tregua.

Al hueco que busca
colmarse pese al vértigo
y a la gaita que llama a soledades
desde un acantilado.
Al que se acuerda de mí.
Al que me olvida.

NOMBRE EN EL VIENTO

BUSCA ese nombre y se le esconde
en el orden del diccionario.
Olió la hoja y su recuerdo,
saltó la palabra a sus labios
y las letras danzaron,
unidas por un instante
antes de volver a ser libres.
El misterio escapó vuelto aire
en la increíble fragilidad del tiempo,
hacia aquel patio,
el sitio verde de la infancia,
un instante en la historia
de una casa
y ésta en la de un país.
Un coágulo agreste
cuyos cimientos pocos ya
conocen, aman.

ALGO LLAMA

HELIOTROPOS, felpillas, cinerarias
y otras modestas flores de la infancia
en el silencio murmuraban algo
—brisa que pasa entre metales leves
al saltar hacia mí desde una imagen
o rozar una sílaba, que asciende
y abre un patio de parras que aún existe,
con sus fantasmas propios. ¿Sabré llegar
a él, ya libre de brotar tan lejos,
para ocupar mi sitio descuidado?

ANTEPASADOS

EN una noche oscura
un confuso coral, como a destiempo:
secreta, murmura cada voz
su dicha, su dolor:
un bosque con luciérnagas
que pasan su luz una a la otra
y en la insalvable lejanía huyen.

La fábula confunde los mensajes.
Güiras activadas en vano,
fotos salvadas del castigo
son antenas inútiles,
como en espejos ciegos
buscar el molde
de cada gesto indomable
por el que no respondes.

[91]

Todo nacido de una historia
que vuela por lo oscuro
sin un radar que la registre.

Un visillo se mueve
cuando las brisas duermen.
Ciertas músicas dicen
lo que las otras callan,
otras quizás traicionen.
Tú insiste en asediar
ese derrame inmaterial
al borde de la nada.

AVISO AL ANOCHECER

HABRÍA que proteger esta luz,
guardarla, así astillada
del resplandor más alto,
cuando nubes como tronos sacros
tornasolan, en la seda del cielo
que atardece, incrustadas.
Lo bello, lo que se ha de mirar
y no tocar, entra en un tiempo
que no desgasta su sentido
y nutre desde allí a los pocos voraces.

Mantenlo a salvo de ti misma,
de que, tú, la anti-Midas, lo destruyas.
No pierdas esta gloria
por salvar sueños de difícil suma.

NOCTURNO

DE tarde en tarde se abren
los prólogos odiosos
de la muerte ciertísima:
asimétricos,
                    lentos,
                              amorales.

No implican ni virazón ni horneros,
les seguirá faltando el arco iris,
hace tiempo perdido como los horizontes,
el olor infantil de la resaca,
la tierra de jardín
y el jardín con cedrón.

Lo más preciso sigue:
el tictac de un reloj,
a veces escondido bajo piano
o pensamiento vago,
sin luz,
                    plan
                              o piedad,
la corrección maniática
de traducciones o malas sinonimias
y el obligado hastío
tras dar el mismo paso.
Una baraja que las húmedas patas
de la noche pegaron en la acera
no requiere de arte cartomántica,
repite lo sabido:
                              los caballos del tiempo
declinan en las suyas
toda verdad,

[93]

mientras agruman medidoras arenas
y avances de lo amargo.
Y nunca vuelven de las mismas sombras.

AVARICIA

DEBO guardar y con todo amor guardo
lo que no se presta a ser prestado,
lo que se me adhiere a las yemas
cuando lo voy a desgajar:
            tres líneas puras
donde mana el asombro,
            el retrato de alguien
que tiene mi gratitud por ser,
algún libro que un día
me va a llamar a gritos,
un recorte que es un recuerdo
que es una escalera de luces.

También quede conmigo
mi esperanza de tiempo,
mañanas de hojas nuevas bajo lluvia
y tardes donde un canto futuro,
que hoy no alcanzo,
comience.

PROTEO

LO veraz es el cambio,
el meduseo Proteo,
lo amado y desamado
sin maniatadas lógicas,
la absurda zambullida
en lo remoto y ciego,
la senda del desastre
que te ha tentado siempre
a avanzar por lo oscuro
de un nunca visto bosque
de árboles inhumanos.
La vida te ha ofrecido
imprevistas derivas,
el riesgo de excavar
topo, túneles nuevos.

Pero la luz acecha
aun para lo enterrado.
Insiste en dar con ella.

CÍRCULO MUY VICIOSO

A mí misma me ofrezco
aprender día a día en el mundo,
luego al mundo le ofrezco
día a día olvidarlo,
para yo no ser menos.

Porque el riesgo

[95]

de ser menos se corre
si no se olvida mucho
de lo algo aprendido
y además entendido
y tenazmente atroz.
Tras lo vertiginoso,
recordar el olvido
abre la calma.
Y basta.

PROGRAMA

I

RECUERDA, clara y lentamente, el agua.
Escucha al pájaro:
                    ¿canta apenas su miedo
o demuestra esperanza?

Llega a la rosa y piensa en ella.

No te preocupe el hombre.
Él se basta:
            a solas
prepara su cuchillo.

II

Mira, sin olvidar fatalidades,
la creciente, mas disminuida especie.
Ánclate en lo que tantos desdeñan,
discreta ignora lo que tantos buscan,
para sí recibir, ya sin enfado,
tu bandera sin viento, que desciende.

III

Abre los ojos
a cada parcela de mundo,
brotes de sauce o rostro apático.
Una vez más quedarás deslumbrada
o buscarás tus culpas en el aire:

todavía eres presa de la vida.

LO FIRME

FIRME firma la tuya
puesta sobre mi vida,
sobre mis hilvanes o pespuntes,
quizás no necesarios
—como suelen no serlo las preguntas
que no vienen seguidas de respuestas—,
pero daimones, mediadores
frente a la polvorienta memoria
y sus desgarros,

que buscan volverme harapos
la tela que fue firme,
que fue vida
donde tú firmes.

VARA ALTA

VARA alta de plátano falso*
desde sus hojas firmemente aferradas,
lejana, mira los blancos plumones que caen,
hacia el sueño que trepa los límites
de sus pocos recursos terrestres.
Su rumor, ¿dice la música del tiempo que pasa
en la gruta en donde aparecen figuras ideales?
Es la fuente que brinda,
entre silencios asombrados,
silenciosas promesas cumplidas
cada día, cada día.

* Enrique Fierro.

TREMA
[2005]

On peut faire le sot par tout ailleurs, mais non en la
Poésie.

MONTAIGNE. *Essais*, Livre II, chap. XVII.

Je peut me consumer de tout l'enfer du monde
Jamais je ne perdrai cet'émerveillement
Du langage
Jamais je neme réveillerais d'entre les mots.

ARAGON, *Le discours a la premiere personne*, 4.

Escribir sin la angustia de escribir.
Escribir la certeza
        de un árbol infinito.
2001

... libro que guarda la piel perdida
de las horas, restos de lo improbable,
la voz que mordisqueó palabras,
las tragó y fue envenenada por ellas.

TAREA

ABRIR palabra por palabra el páramo,
abrirnos y mirar hacia la significante abertura,
sufrir para labrar el sitio de la brasa,
luego extinguirla y mitigar la queja del quemado.

ERROR CALCULADO

PALABRAS de mar profundo
a cada instante suben a morir
por cientos, contaminados peces.
Entre ellas no se auxilian,
temen el riesgo, mueren.
No saben lo que saben.
Quien las ama y acoge
¿las libra del silencio
que las pone entre olvido
y magia encarcelada?
¿Juega con más peligro?

Un soplo vaga por la tarde.
Sigue la leve leva:
que tu entusiasmo
no se rinda al retenido canto.

LAS FLECHAS

ASISTIR esas frases que se disparan
como dichas por seres
que en una playa hablan a solas,
seguros de que nadie los oye
(y ardería el agua
de aceptarlas o de refutarlas).

Que se cruzan
como bajo un viento de desierto,
de inmediato cubiertas con la arena
que las inmoviliza.
Y quedan en la franja
de los acertijos a resolver
en la última tarde,
cuando ya lo sabías y así se queman las velas.

DIEZMO

A la hora de la ráfaga impía,
flecha el perfil,
cuchillo el breve destello,
el minutero, lanza.
La palabra que primero se distrajo
centellea bajo el rayo
y se deja quebrar, ávido vidrio.
Todo acecha.
¿No está cansada la memoria
de jurar la no reincidencia?

TRUEQUE

LAS diez: pariente pobre
del aguerrido mediodía.
Entre las plantas brilla
un ojo de vidrio o breve
pájaro veneciano.

Súbito nace lo diminuto
o invisible, mínimas flores,
brotes de hojas y aún
el ácaro horrendo.
Esto aquí.
Quizás ahora un cuerpo
culmine, mina de muerte,
en el errátil universo.

Sin órbita,
nuestra imaginación
trueca lo áureo por letras,
letras por polvo,
volar por lastre sordo,
explosión por silencio sin canto.

ÚLTIMA NOCHE DE ALGÚN AÑO

DESPUÉS del día limpio,
en la esperada noche subió,
nítida en su único signo,
la cohetería de júbilo uniforme.
El pequeño destello rozó apenas

las silenciosas alfombras de la noche
antes de morir,
como apartado, también él,
de la distante fiesta.
¿Aspiraba a estar solo,
tan seguro de sí?

¿Toda esperanza es mórbida?

EN EL DORSO DEL CIELO

NO es casual
lo que ocurre por azar:
un fragmento de nada se protege
del no ser, se entrecruza
de signos, impulsos,
síes y noes, atrasos y adelantos,
trazos de geometría celeste,
coordenadas veloces en el tiempo
y algo ocurre.
Lazos para nosotros pálidos,
son obvios para lo que no vemos,
y nosotros la ventana abierta
desde donde la tela blanca vuela
cubierta de diseños.
Pero uno llama azar
a su imaginación insuficiente.

EL DIOS VISIBLE

YA habíamos despedido al sol
y abre de pronto una ventana en el cielo:
entre dos jirones de nubes
aparece de color frágil,
con una luz distinta.
Algo ocurrió detrás de esos telones.
¿Avisa que mañana quizás
no lo esperemos?
¿Que el ozono que crece
lo volverá enemigo?

No naufragues aún.
Tres toldos amarillos
desmienten averías de la fe.
Que también sobre ti
pese esa bendición,
otra esperanza.

MAR DE DUDA

MIRAR la fruta, el mar con ojos de desierto,
la sinrazón con ojos de sordera,
el pasado como al volcán sus estrías de lava
y del futuro su suspensión de infancia,

cuando una sabiduría asombrada
adelantaba penas
y la única indiscutida certeza de la vida
sería osar la luz:

[105]

que alguna vez habría
paz en la red,
no un mar de duda.

SI CIEGAS

SI cielo, si azul, si ciegas,
bajo un sol de soles,
silencio.
Distantes nubes coloquiales fingen
el arabesco imprevisible
que la vida impone en tu vida.
No anticipes más sueños, mira
distante, ese pájaro alto, convexo,
que busca otro límite, sombra.

NINGUNA SAGA

NINGUNA saga otorgará palabras
al niño no nacido
porque su madre traspasada yace,
ni al aterrado mudo,
sin treno ante el tanque tenaz,
ni al ciego que tantea en la noche del humo.

Arden los bosques y delira el desierto
y el río lácteo para sueños nocturnos.

Ni un árbol de frágil música
cubrirá la tragedia del siempre sometido,
secreta como centro de brasa.

Pero nunca la habrá para el obtuso triunfo.
Una vez más,
la derrota va a llamarse honra,
aunque la tape el redoble del triunfo.

FORTUNA

POR años, disfrutar del error
y de su enmienda,
haber podido hablar, caminar libre,
no existir mutilada,
no entrar o sí en iglesias,
leer, oír la música querida,
ser en la noche un ser como en el día.

No ser casada en un negocio,
medida en cabras,
sufrir gobierno de parientes
o legal lapidación.
No desfilar ya nunca
y no admitir palabras
que pongan en la sangre
limaduras de hierro.
Descubrir por ti misma
otro ser no previsto
en el puente de la mirada.

Ser humano y mujer, ni más ni menos.

[107]

CALLE

> Por fin había dado con una calle de un solo
> minuto...
>
> Jacobo Fijman

NO echó su cuarto a espadas.
Iba a ser un jardín,
la querían plaza fuerte.
De nadie espera nada.

Con los ramos al aire
levemente movidos
da un adiós silencioso
a lo que pasa y parte.

Sur y norte no cumplen
su cita con el vago
destino de la calle,
rauda de paralelas.

Nominal criatura,
sabe guardar fantasmas,
voces que se hacen humo
sin que el ojo las abra.

Aterrada, de espaldas,
la calle se desdobla
en la otra que flota
entre pozos y cielos.

Sí, primavera llega,
pero la gris conoce
que su asiento profundo

no puede darle flores.

¿No puede, no, no puede?
¿Y el paso con amor,
penas solas que en ti
se siembran, nada pueden?

ÚLTIMAS VOLUNTADES

¿HABRÁN llevado el ataúd de Sà-Carneiro
en el lomo de un burro enjaezado,
vistoso, como el suicida quiso?

Ya sabemos que el sauce,
aquel famoso, no se logra.

Y nadie espera que se alce
el monumento que recuerde las horas,
los diecisiete meses en que Ajmátova
esperó por su hijo, por Lev,
al pie de su prisión en Leningrado.
Aunque quedó su Réquiem,
sudario para muertos sin justicia,
ella exigió igual esa constancia
de tantas muertes sobre un alma sola.

BOGOTÁ, 2001

BAJO nubes ahumadas, sin convicción,
al sesgo, cae la lluvia.
Hay flores amarillas y espejos de agua grises
y pinos, pinos, pinos y rebaños.
Los eucaliptos, los de flores rojas,
se han asentado sobre la verde, irreductible tierra.
Todo se sabe a salvo en su propio color
y espera que por los aires suba
el papalote de la primavera.
A nada de esto inquieta si la poesía dura.
¿Se nutre ella del silencio del mundo?

OAXACA

¿QUÉ es más:
palomas blancas o rosas verdes
que brotan de la tierra
en el jardín discreto de Oaxaca?

*

Si se quedara
en el vivir y el escribir
como pieza de tecalli traslúcido.

*

La pintura modulaba ya
su constante coral

[110]

en la bóveda blanca y dorada
y colorida donde
los Borja se eternizan.
El órgano esperaba
sólo que los miraras.

*

Suben por las paredes,
reinan en laberintos,
célibes siempre en celo,
híbridos, bifurcados,
caminan contra el cielo,
osan patas arriba.
Lo animal se pespunta,
se astringe, cinturado,
dice que todo es caos,
alucinantes cifras,
ciervos, sexos.

Ya nadie sea ingenuo.
La claridad sucumbe
en rojo, negro, ocre:
cesación y violencia.
Por sus bordes, lo eléctrico
es vértigo y Toledo.

MILAGROS NATURALES

EN la noche de Holland Park,
un fantasma blanquísimo

—arterías de las últimas artes—
danza sin huesos
contra un foco violento,
acorde con sonidos
que no escucho.
Y nada extraña
si abres ojos de aceptación
a lo que venga.

¿Acaso no es milagro
que en el día, en este mismo sitio,
vengan los petirrojos
a comer en las manos?
¿Que éstas mismas existan,
bien dispuestas?

¿O la cola con que se pavonea
el pavo real narciso
ante nosotros que, al estarlo mirando,
milagreamos?

NUEVAS CERTEZAS

POESÍA
no complace a la historia,
no cuenta cuentos,
no dialoga
con más palabras
que paciencia el que escucha.
No es caricato ni cariátide.
No se produjo nunca.

[112]

Muere, en aire indelicado,
crematísticamente organizada.

¿Proyecto de algún hijo
que corre tras un padre
cuya voz lo amamante?
¿El tren de alguien con prisa?
Mejor puerto desierto,
andén abandonado.

SUEÑO VIRTUAL

EL temporal pandea las cenizas del cielo,
retira todo poder
de lo aquietado en el desasosiego.
Voló el pájaro que en tu mano comió
hace muchos países e ilusiones.
No condujeron al perro abandonado
hasta la puerta que debía cuidarlo.
Y al fondo del ramal nunca abierto,
el campo majestuoso no sabrá
de los árboles que lo hubiesen mudado.
Frescamente asombrada, la muerte
recorre sus dominios sin palabras.

DESPUÉS DE UNA NOCHE ESTRELLADA

NO sabía la curruca de Maryland*
que la muerte compraría aquí su largo viaje,
su vuelo demasiado veloz hacia el calor.
Macho —lo dice el negro collarín—,
tuvo un corazón débil. Hoy descansa
el afilado pico sobre la mano que lo alzó.

Pesa apenas. El ojo diminuto,
que midió las distancias, los riesgos,
aún brilla negro mientras
lo más oscuro que enfrentó lo envuelve,
después de las estrellas de su última altura,
en la astrosa mañana que le brinda la tierra.

Lo que en ella cae, dicen,
pertenece a los muertos.
Debe esperar entonces en justicia
donde la tarde no lo asure,
bajo algún verde, el paso
de la misma especie que lo nutrió,
la hormiga enterradora,
cada astil de sus plumas sutiles,
ofrecido quizás a un alma astricta, sola,
que otros soles buscó y ya no espera.

* Common yellowthroat.

GRAJO MUERTO

TIENE un nombre la muerte
pero el amor de nadie.
Nada averigua y sin mitologías
ni piedad, por todas partes muerde.
También la tiene así enseñada,
en lo que puede, el hombre.

Encuentro al grajo negriazul
—en cada pluma intacta
el minucioso tornasol—
cerrados los ojos siempre atentos
y blando el cuello, enhiesto
en la provocación del amor,
su cola, ese timón al viento,
nunca más singular.
Con admirarlo y condolerme
le alzo su etérea tumba
y doy un paso, también yo,
hacia el campo con nombre,
sin palabras, sin resplandor de nadie.

DE LA POCA MEMORIA

¿CÓMO perdí el desmenuzado caballo
en las provincias sueltas?

La palpitante vaca, ciudadana escanciada,
cola festiva y moscas, toda su espuma blanca
febril y con perfume, resistiéndome ingrata,

[115]

¿se fue por los caminos?

La moneda de bronce del breve rey de Italia,
¿volvió a la tierra en años de luces discontinuas?

¿Cuándo el mar, el primero, acumuló color
y me lo trajo, llagado del clamor de las gaviotas,
al pie del tren de paja y viento y oro
y palidez de invierno derrotado?

Pasaban cerca flechas de lo asombroso, al blanco.
¿Quién me tensaba el arco?

¿Aquel turquesa azul, dónde dejó
su caja rústica, su mariposa abierta? Sin color,
sin dulzura, sin viento, un derrotado gris
adelanta banderas de estado de tiniebla.

Cuentas al tiempo, cuántas, tan inútiles
y qué inservibles ábacos manejo.

ESCALA DESCENDENTE

A veces en la infancia
se abrían sospechas de castigo,
una ruta posible
entre salobres penitencias:
el misterio de la soledad.

La vida, luego,
repite, empobrecido,

[116]

su arabesco y lo raya.

Sin indignarte, mide,
acéptale el revés,
sin duda suficiente.
No hay tiempo ahora
de esperar la cara recamada.

Como tus propias fábricas,
una hoja, una flor
de ofrenda amiga, sean,

y al sombrío silencio
imagínalo bóveda medieval.
Fráguale un ritmo.

CALESITA

EL carrusel, el tiovivo, el cómo
se llamaba, la calesita, llama
que me ofrecía un ciervo, una calesa,
un cisne y un caballo encabritado,
el prodigio que giraba tan quieto,
que tan quieto trotaba por un aire
con organillo y campanillas, aire
que no movía la cola del caballo
dorado y blanco, pero de peligro,
peligro de caerme en pleno vuelo,
de caerme y quedar así olvidada
del padre, de bajar en otro punto
del punto de subida y verme sola,

sin nubes, sin ya viento en el pelo,
perdida sin el miedo delicioso
de volar con las manos aferradas
a crines que me sueltan y yo arcilla
que en el horno del aire recupera
su forma quieta, forma del principio,
de ser sola y sin alas.

CANCEL

CANCEL de vidrio de veneno,
escandalosa espada del ángel
protestante y doméstico.
Su cuchillo sajaba libertades.
La música, las amistades nuevas,
penaban en el retraso del retorno
por imaginarias circunstancias.

Así boquea el pez en seco:
un indiscreto vendaval
clavaba agujas en los tímpanos,
alentaba uno hacia adentro;
el ruido, en vez, monstruo reptante,
se precipitaba hacia arriba,
hacia la familia aburrida
deseosa de reparar males.
No respirabas ya en el aire
sino en la mísera conciencia
de padecer quejas de vidrio
entre mayores de madera.

Andar en la virazón apacible,
la intermitente barquera María
libre de los caballeros, tan negros
como sus duros caballos veloces
a la gracia novísima del laúd,
abrumados caían a tu espalda
compartiendo tus culpas imprecisas.
Como a las nueve empezaba el peligro,
cabizbajos se alejaban los postres
y tu mundo evidente y verídico
debía acostarse a dormir desvelado,
derrelicto entre sueños inútiles.

La mísera cancel descansaba.

MIRAMIENTOS

AQUEL pasado venerable,
ajeno o casi en nada mío,
en una caja se guardó
por años. ¿Dónde ahora?

Las lentas instantáneas
ya buscaban detener el minuto
que el viento bate o el reloj disciplina:
contra el mar, sobre piedras
como lomos de ballenas dormidas,
manos salvan grandes sombreros
de volar a la espuma,
refuerzan los prudentes plomos
de largas faldas.

[119]

Aún reina el miramiento
secular de una pose:
cabeza que descansa en una mano,
codo sobre columna sin sentido,
a la vista el prestigio de un libro
y un telón que fabula.

Y hay sonrisas, sin duda,
entre palabras de amistosa escansión
y unos niños anónimos que crecen
en los trajes de tan breves domingos
y a alguien irán sus cárceles de tela.

Ese pasado aún precipita sangre,
rumor acuminado
para el que no hay oídos celebrantes.
Sobre olvidos de tumba
y desamores que algunos dispusieron,
un perfume mecido.
Cómo evitar que sea polvo sin más
en mi memoria pronto inútil.

EL ACERVO

GUARDABA papeles blancos,
bellos botones de vestidos dichosos,
fotografías de rostros sin sus nombres:
salvoconductos para cruzar el puente.

Pero hallaba el vacío
o secuencias de sílabas atroces,

nombres con su rostro perdido,
añicos de sensaciones vagas,
vías sin maravilla,
una intrusión del fastidio
en los sabores de la memoria.

Recuerdos sin cordura,
antiguos o recientes,
íntimos,
        excesivos,
sombríos,
        pendulares,
giraban como derviches libres

y algo es común en ellos:
        son de frontera adentro.

No ha podido llenar de piedras sus bolsillos
y ahogarlos,
antes de que derrumben el techo
sobre el banquete del recuerdo.

EN EL PORTAL OSCURO

LA tú misma con la que te rozaste,
la que no podrá llegar a ser
en lo poco que queda,
la que quiso haber sido
y una suma de instantes astillados
de la vida apartaron
de los sin duda sueños:

[121]

¿cuál cierta entre lo incierto?
Ya no claves: candores
y epidermis más o menos expuesta.
Y un silencio de gruta
bajo el bosque estridente.
Soñabas en el claro embrujado
en el centro de lo enredado oscuro,
en las señas intactas y las guías
y el portal todo luz.
Ése por donde se volvía
al comienzo,
a la voz sin fractura.
A la feliz, irracional certeza.

ANDÉN

SI has visto los círculos lentos
e insistidos del gavilán,
teme la constancia
del gavilán humano
en la bajada precisa y enemiga,
confía en unos pocos seres
—nada más dulce.
Borra los otros.
Partir de modo lento
te permite abrigarte,
en el repaso de la dicha,
del miedo no pensado,
ambos en conciliación ritual.
Ama por ósmosis,
quietísima.

CIRUGÍA PREVENTIVA

LA más difícil cirugía preventiva:
no ignorar lo que cercano avanza.
Y amputarlo.

VIAJE DE VUELTA

REGRESAR es
volver a ocuparse
de devolver a la tierra
el polvo de los últimos meses,
recibir del mundo
el correo dormido,
intentar saber
cuánto dura
una memoria de paloma.

También
reconocerse
como una abeja más,
que es para la colmena, apenas,
una unidad que zumba.
Eso, sólo una abeja más,
muy prescindible.

ACASO EXPLICACIÓN

ALGUIEN se va para no irse,
para quedar encapsulado
en un pasado imaginario,
páramo del nunca olvidar.

Puede entender bajo otro cielo
cómo un pájaro dice gracias,
la lenta fuerza del pabilo
y el regresar a la constancia.

Disuelto, extinto, lo mentido
una vía del mal se vuelve,
por donde hombres como troncos,
rinden sus sueños, sólo flotan.

Aun muertos, muchos son atasco,
dioses con dosis de veneno.
Pero se guarda en un reflejo
un pequeño sol. Siempreviva.

PÁRRAFO INTERRUMPIDO

QUIERAN los amigos imaginarlo completo;
otros, si gustan, escaso.
Pronto comenzará el buen sueño
¿sin la pacificación del injusto?
Sobre almohadas de un eterno otoño
tendrá derecho a la molicie
que sobrevendrá aun sin buscarla,

como no la buscó en sus días.

De los desastres de la vida
quede su perdón de sí mismo,
el valedero, junto al otro
que de ningún soñante espera.
En vez de esquirlas y de escorias,
el perfume de pastos y mares
la materia guarde en sus poros,
sobre el aroma de ninguna rosa.

PERSPECTIVA CURIOSA

EXTRAÑEZA,
a la orilla de un campo con mazorcas
fuera del tiempo y secas.

Angustia,
en el centro de un sueño,
cerrado túmulo, sin más salida
que a lo negro.

Y escándalo:
reparten los dedos de tus manos,
te brindan el fuego deformado
de sólo solitarios recuerdos.

[125]

PRIVACIÓN

LEJOS de acantilados o cascadas,
de vencejos sobre el medioevo,
se abre la fatalidad del origen:
la grieta que te ofreció jilgueros
te niega lumbres de ruiseñor.

Pensado, tanto hueco
atrae la piedra de la lejanía
y el nombrar lo imposible
no disuelve fronteras.
El vértigo lo tragan
unos pocos gorriones
hambrientos, insumisos,
color de tierra, memoria
de un eco no numinoso
que clama sin responder a nada.

CAFÉ DE MILÁN

ESTAS voces no levantan columnas:
tiendas frágiles flotan
sin más abandonadas.
Nadie de los que aquí se sientan
soñó compartir mesa con un árbol
ni linceó el linaje de las nubes,
su diáfano trajín.

No es éste espacio de quedarse:
no eres de esta ciudad, de este país

[126]

ni de este continente que crepita.
Conoces bien la trama:
una vela indecisa,
tensa hace más de un siglo,
declarando el agobio innegable
e inventando nostalgias,
te encadenó a otros parajes,
otras violencias, otros premios.
A una historia repetida y virgen
que en vano vaticinas.
Y lamentas.

CLAUSURA

DE todas partes los hermanos se van:
Octavio un día, Tito al tiempo
y acá Laura y Amalia.
A otros los muertos vivos los borraron.
La franja opaca tiembla al extenderse
en borroso boceto
y pasa la golondrina solitaria
y la tapa del cielo se ha amustiado
y yo voy caminando
de pronto hacia el asombro en que no creo.

NUEVAS OBLIGACIONES

TENDRÉ que hacer una nevada montaña
de este montón de harina,

un bosque de estas tres enfiladas encinas
que miro y están solas,

una cascada del chorro de agua fría
que mi mano intercepta

y de la concesión, un géiser.

Desconectada, como erizo sin su cueva entre el pasto,
tendré que prevenirme de tanta ímproba realidad,

alta en el árbol del malestar,
como mono que va perdiendo su selva.

EN EL AIRE

UN jardín de geranios y su aire.
Junto a su cerca dejo que paste
el buey que pesa sobre mi lengua
y digo: Aquí te quedas, come
en verde dehesa, pero terrena,
y canta, luego, si puedes,
si nadie escucha,
lo que queda por no decir.

[128]

MINAR EL MURO

MISIÓN del tiempo: medirse con el muro,
minarlo, desanudar sus macizas amarras,
templar el filo. Vigila tu impaciencia:
un suspiro regresa en forma de tormenta.

Un crepúsculo tras el Batoví
asoma, sangrientamente espléndido.
En tu corazón debería haber cenizas:
hay sangre, todavía.

Vida: viene con vuelo o zarzas,
un ramo para el cristal y la sonrisa
o pedregal silencio. Entonces, muro.

AGRADECIMIENTO

AGRADEZCO a mi patria sus errores,
los cometidos, los que se ven venir,
ciegos, activos a su blanco de luto.
Agradezco el vendaval contrario,
el semiolvido, la espinosa frontera de argucias,
la falaz negación de gesto oculto.
Sí, gracias, muchas gracias
por haberme llevado a caminar
para que la cicuta haga su efecto
y ya no duela cuando muerde
*el metafísico animal de la ausencia.**

* Peter Sloterdijk.

[129]

REDUCCIÓN DEL INFINITO
[2002]

A Enrique, una vez más.
A Marcela Rodríguez y a Carlos Pereda

... von endlichen Mitten einen unendlichen
Gebrauch machen.

ALEXANDER VON HUMBOLDT

Nuevas arenas

I

LLAMADA VIDA

PONERSE al margen
asistir a un pan
cantar un himno

menoscabarse en vano
abrogar voluntades
refrendar cataclismos

acompañar la soledad
no negarse a las quimeras
remansarse en el tornado

ir de lo ceñido a lo vasto
desde lo opaco a la centella
de comisión al sueño libre

ofrecerse a lo parco del día
si morir una hora tras otra
volver a comenzar cada noche

volar de lo distinto a lo idéntico
admirar miradores y sótanos
infligirse penarse concernirse

estar en busca de alma diferida
preparar un milagro entre la sombra
y llamar vida a lo que sabe a muerte.

VÓRTICE

LA hoja en blanco
atrae como la tragedia,
traspasa como la precisión,
traga como el pantano,
te traduce como lo hace la trivialidad,
te engaña como sólo tú mismo puedes hacerlo.
Atrapa con la dominación del delirio,
encierra todo el dolor
o la ya tan difícil exaltación.
Sobre todo cumple pretorianamente
tu encomienda: te veda
la justicia por propia pluma.

PARÉNTESIS, CASA FRÁGIL

CUANDO la cerrazón arrecie
abre paréntesis, signo tibio,
casa frágil
que no tiene más techo
que el cielo imaginado
(aunque sea adusto, ácido, aciago,
si es otro quien lo abre),

piensa dos manos
que protejan tu rostro,
de veras miren dentro de ti,
agrupen sol contra el invierno,
sol y solvencia humana.

Aunque debas cruzar
bosques de tiempo,
pisar tantas hojas secas
en el suelo de la memoria,
cuidar no ser tragado
por zanjas de sorpresiva erosión,
búscate en el paréntesis,
como en palabras para siempre calladas.

CON LA MUERTE EN LA LENGUA

LENGUA del mundo, acorralada:
cuánta muerte recibes, nos destinas.
De a gotas te desangran, vigía ciego,
agrandan el vacío, ya no en tu gruta:
al par de la intemperie.

Nefastas voces
que ya no te requieren,
tejen aboliciones, atropellos.
¿Se habrá perdido el tiempo
y el espacio y el modo
de sostener el sueño
para el que toda una estirpe
se creyó señalada?

[137]

TRADUCIR

ALGUIEN desborda,
al centro de la noche.
Ante un orden de palabras ajenas,
rebelde sometido,
ofrece el canto de toda su memoria,
las reviste de nueva piel
y con amor
las duerme en nueva lengua.

                          Apagada la luz,
el viento se pregona entre los árboles
y junto a la ventana hay frío
y la certeza de que todo paisaje
adentro se interrumpe
como frase que alcanza la madriguera
del terrible sentido.
                    No hay dispuesto
en el yermo
                un benévolo guía.

Los pasos son a ciegas,
el cielo sin estrellas.
Y el pensamiento anticipa las fieras.

DRUSA

DRUSA rosa y gris:
alguien quebró su precavido
encierro. Drama la luz

[138]

para lo que nació secreto
y el aire apaga.

O:

Druse rose et grise,
grisée de fier sécret,
maintenant tournoie à nude
ternie par l'air-létharge.

CULTURA DEL PALIMPSESTO

TODO aquí es palimpsesto,
pasión del palimpsesto:

a la deriva,
        borrar lo poco hecho,
empezar de la nada,
afirmar la deriva,
mirarse entre la nada acrecentada,
velar lo venenoso,
matar lo saludable,
escribir delirantes historias para náufragos.

Cuidado:
no se pierde sin castigo el pasado,
no se pisa en el aire.

SUMAS

caballo y caballero son ya dos animales

J.D. García Bacca

UNO más uno, decimos. Y pensamos:
una manzana más una manzana,
un vaso más un vaso,
siempre cosas iguales.

Qué cambio cuando
uno más uno sea un puritano
más un gamelán,
un jazmín más un árabe,
una monja y un acantilado,
un canto y una máscara,
otra vez una guarnición y una doncella,
la esperanza de alguien
más el sueño de otro.

AEROPUERTO

SUDARIO para palabras muertas,
la luz helada cubre
un llanto niño, una silenciosa
letanía de solos
en su prisa encovados.
Tosen en un vacío sin ecos:
espantan el hastío.

Un visón, un alpino ilegítimo,

un tonto revestido de verdeazules plumas
van entre ojos abiertos sin miradas
donde asoma lo nulo de una especie
que se filtra en el tiempo
como carcoma oculta en la madera.

Ácido que deshace pensamientos
antes de que se formen,
lo que no vuela, invariable
moneda bajo vidrio,
sin mirarnos nos diezma.
Si alguien que sufre pasa,
¿después renace lo inhumano?
¿Quién lo nota?

SOL O LLAMAS

NO abuses, sol, de nuestras equivocaciones.
Horrendas calles sin árboles construimos,
playas incendiadas que no salva ningún próximo mar;
signo tras signo, depreciamos la atmósfera,
las prodigiosas capas del aire
cuyas gasas velaban nuestra suerte.
Si tendemos las manos hacia ti,
si en la frente aceptamos tu fuego,
una piel que se seca, se envenena, muy pronto
será polvo, es nuestro triste premio.
Brillas, Vivasvant, sin obstáculos.
Ahí estás como meciendo santo
y simplemente esperas.

[141]

GOTAS

¿SE *hieren y se funden?*
Acaban de dejar de ser la lluvia.
Traviesas en recreo,
gatitos de un reino transparente,
corren libres por vidrios y barandas,
umbrales de su limbo,
se siguen, se persiguen,
quizá van, de soledad a bodas,
a fundirse y amarse.
Trasueñan otra muerte.

JARDÍN

CIELO de dimensión terrestre,
párpado abierto hacia más luz,
diálogo con la paz de los sueños.
La libertad, derrota de la siesta,
fue la sombra de un árbol,
donde pasa veloz el conejo de Alicia.
Acecha en su paisaje mínimo
un gran vértigo entre bosque y montaña.

Para que desconozcas el poder de la distancia.

A la espalda, en los cuartos rehuidos,
un latente enjambre de miedo
a todavía no imperiosas ruinas
acecha, cuchichea, arma tus riesgos
y allí es la gruta donde cuelga

el murciélago y chilla, alegre
porque al fin anochece.

II

OBSTÁCULOS LENTOS

SI el poema de este atardecer
fuese la piedra mineral
que cae hacia un imán
en un resguardo hondísimo;

si fuese un fruto necesario
para el hambre de alguien,
y maduraran puntuales
el hambre y el poema;

si fuese el pájaro que vive por su ala,
si fuese el ala que sustenta al pájaro,
si cerca hubiese un mar
y el grito de gaviotas del crepúsculo
diese la hora esperada;

si a los helechos de hoy
—no los que guarda fósiles el tiempo—
los mantuviese verdes mi palabra;
si todo fuese natural y amable...

Pero los itinerarios inseguros
se diseminan sin sentido preciso.
Nos hemos vuelto nómades,
sin esplendores en la travesía,
ni dirección adentro del poema.

OTOÑO

OTOÑO, perro
de cariñosa pata impertinente,
mueve las hojas de los libros.
Reclama que se atienda
las fascinantes suyas,
que en vano pasan del verde
al oro al rojo al púrpura.

Como en la distracción,
la palabra precisa
que pierdes para siempre.

TORMENTA

LA nube se disolvió en neblina.
No neblí sino paloma,
un vuelo oscuro cae,
piedra sin gravedad
entre un voceo de benteveos,
desde la torre,
a cada instante más oscura.

La flor de otra mañana
muere sépalo a sépalo.
Habrá que abrir ¿qué puerta?
y avanzar por el túnel tentativo.
¿Luces / palabra?
¿Oscuridad / silencio?
¿Alguien tocará el cielo

por negarse a forzar tanta clausura?
La soledad es, entretanto,
una pizarra pronta para que en ella
se escriba una sentencia.

CIRUGÍA DE INVIERNO

LO dicho queda, cala,
corroe la leve pulpa que otro construye a solas,
como en la fronda que el otoño ataca.

Porque el otoño seca las hojas
de manera bellísima:
deja en el aire las puras nervaduras,
ésas casi invisibles
en las que reparábamos apenas
y evapora esa verde sustancia que era,
para nosotros, hoja.

Así de pronto terminan los verdores.
Hay que arrastrar cadáveres amados
y consentir el lujo
de la infinita dilación indecisa
y el filo que mutila la voz, la tolerancia.

PENITENCIA

¿MIRAR atrás será pasar
a ser de sal precaria estatua,
un perecer petrificado
preso en sí mismo, parte
del roto encanto de un paisaje
cuya música no logro más oír?

¿Debo matar lo que miré,
el mito que minuciosa
pliego y despliego,
grava para mi paso solo?
¿Ciega borrar lugares,
playas, vientos, el tiempo?

Sobre todas las cosas,
anular horas que se han vuelto inútiles
como lluvia que cae
sobre el mar implacable,
como mis propios pasos
si no son penitencia.

PATRIMONIO

SÓLO tendremos lo que hayamos dado.
¿Y qué con lo ofrecido y no aceptado,
qué con aquello que el desdén reduce
a vana voz, sin más,
ardiente ántrax que crece,
desatendido, adentro?

[147]

La villanía del tiempo,
el hábito sinuoso
del tolerar paciente,
difiere frágiles derechos,
ofrece minas, socavones, grutas:
oscuridad apenas para apartar
vagos errores.

El clamor, letra a letra,
del discurso agorero
no disipa ninguna duda;
hace mucho que sabes:
ninguna duda te protege.

DE UN FULGOR A OTRO

QUIZÁS no se deba ir más lejos.
Aventurarse quizás apenas sea
desventurarse más,
alejarse un atroz infinito
del sueño al que accedemos
para irisar la vida,
como el juego de luces que encendía,
en la infancia,
el prisma de cristal,
el lago de tristeza, ciertas islas.
Sí, entre biseles citados los colores,
un fulgor anidaba sobre otro
—seda y deslumbramiento
el margen del espejo—

y aquello también era un espectro,
sabido, exacto. Centelleos ajenos
en un mundo apagado.
Como un canto sin un cuerpo visible,
un reflejo del sol creaba
una cascada un río una floresta
entre paredes áridas.
Sí, no vayamos más lejos,
quedemos junto al pájaro humilde
que tiene nido entre la buganvilia
y de cerca vigila.
Más allá sé que empieza lo sórdido,
la codicia, el estrago.

LOS COMPASES HEREDADOS

A Adolfo Nigro

NO te amargues el mar,
acompásate con la hora que,
involuntario y cruel, nadie trasmuta;
ríete de los antológicos traspiés
del mínimo común nominador,
de todo el trafalgar
en que un traidor se anega.
Prémiate con recordar que siempre
huiste de él como de un eufonium.

INTERIOR

ALLÍ las dos paredes aguardaban
formando, blancas, limpias, un ángulo,
como debe ser, sin comprender nada.

La mesa, las sillas, estaban allí
en su materia inquietísima quietas,
como debe ser, sin comprender nada.

Allí regresa inútil, la ajada,
del borde del mar, sordo espejo,
que nunca ha reflejado nada,

ni floreceres ni conjunciones.
Sabiendo, vuelve. Muere en la distancia.
En la cercanía fracasa en la nada.

ÁRBOLES

¿ES la encina de Orlando o son éstas de Austin?
¿Es el ombú de Hudson o aquél junto al que el auto
arrastró de la vida a Julio-casi-hermano?
¿El baniano de Paz, que era el de Sakuntala?
¿Sauces de Garcilaso?, ¿el que planté yo misma?
¿Álamos del amor, o aquel del que en invierno
caían a mis pies pájaros casi muertos?
¿Las higueras constantes, entre polvo y jardines?
¿Ese eje en el tropismo de lunas infinitas,
el eucalipto pálido, de plumón perfumado?
¿Los de flor color lacre bajo soles de incendio?

[150]

¿Abedul que creí negro, por ébano / abenuz,
hasta que toqué blanca su corteza anillada?
¿El árbol esencial que imaginaba Goethe?
¿O aquel con cuya sombra perdí el mundo
que era rumor de voces amistosas
y veo pasar un río que sí es el mismo siempre,
en tanto que lo miro y ya no soy la misma?

GEOGRAFÍA

UN harmatán del alma.
Escocia en su tiniebla.
Un bora que te empuja
por la ciudad leída.
En noche que no es noche,
tan blanca y tan remota,
lentos mosquitos beben
tu sangre en una orilla.
Ríos que para siempre
se glosan bajo puentes.
El desierto, el oasis.
De una isla remota,
arcos de hielo ártico
que te envían su historia,
pájaros, nubes, frío.
Y luego, acaso huella
de la tierra final
que hayas pisado, un mapa
donde con listas uñas,
calca a buril la muerte
tu último rostro feo,

[151]

tristísimo:
registro para nadie
del viaje interrumpido.

GUBBIO

POR empinadas calles y escaleras,
en el extremo de los hilos de lluvia,
nada hallamos y clausuras siempre
y fatigas alegres y una Etruria cerrada.
Descubrimientos, tablas euguvinas, todo
en incansable fragua, se purifica por la cal.
Lo ahora invisible se prodigará un día,
para otros ojos.
Así nos vamos, ciegos, como del autobús,
en la montaña solitaria, a ciegas, se diría,
una mujer se baja, tanteando entre árboles
y noche, sin temor de otro lobo de Gubbio.

CORREO DE SALAMANDRAS

E vieni
tu pure voce prigioniera...
... voce di sangue, persa e restituita
alla mia sera.
EUGENIO MONTALE

CORREO de salamandras,
del frío al fuego

[152]

cuánto vuelo, cuánto viaje,
qué distancia.
Ya uno se quema cuando adivina
y al borde del agua, de llegarse,
qué incendio, qué interminable
abrazar modos del escrúpulo,
tantos suspensos ceremoniales
inclinados a almohadas vacías
y los platos quizás dispuestos
que tragan horas comparativas.

Cruzando un vaho pernicioso
las desoladas voces vienen,
piden auxilio y compañía
y sin saberlo, a la ventana
que jadea sobre el ahogo,
llegan indemnes, luminosas
y para la palabra sin eco
y la amistad sin más amigos
tienden con su quieto dolor
ala suavísima de venda.

Alguien planta aún en el tiempo
las cinerarias del traspatio,
para mí suben escaleras
que van a un cielo apenas mío
y en madrugadas azoteas
siguen buscando por mí, siempre,
aquel loco conejo gris
que supo dejar su cárcel
y huye secreto desde entonces,
cada día que en lo desnudo lloro.

Envelamos nuestra constancia

para que no parezca lágrima;
alegrías como bocados de pan,
magnificadas, se adiamantan.
El zanjón de la medianoche,
el de los perros endemoniados,
y la lección de pesadumbre
que en el humo del aire queda
como la hojarasca del día
aventamos de todo inventario.

¿Por cuánto tiempo todavía?
¿Pero fue verdad compartida?

1975-1985

Contenido manifiesto

ANUNCIACIÓN

VIENE el ángel de raso, replegadas las alas,
hacia el rincón de la terraza donde,
al pie de la columna,
leía la virgen el libro que ahora olvida.
Un gozque, junto a ella,
alza una pata inquieta, mientras,
contra el crepúsculo,
del dedo admonitorio del ángel
diríase que un hilo parte
y doblega una mano dócil
sobre el pecho asustado.
Los colores
son los que acostumbra el Veronese:
borra de vino el talar de María,
oscuro azul su manto.
El cielo en el crepúsculo progresa
del intenso celeste a los jirones rosa
que anuncian para mañana,
acaso, la tormenta.
Pero ya cuaja un leve
velo gris sobre las cosas
que ignoran
cómo se leerá su destino.

Todo sucede a una distancia abismal
de este mundo,
que aún se imagina libre
de la Bestia y del Límite.

UNA MUJER

DURÓ largas horas convulsas
el trabajo de parto,
entre inútiles gestos ajenos
y gemidos y ruegos.
Una niña, la primera, nació.

Bordó, bordó, bordó la tela blanca,
con diminutos puntos de colores,
llenos de la alegría que ella sólo imagina.
La dolorida espalda se deforma,
los ojos ya no ven el horizonte,
sólo el obsesivo dibujo.
Al fin, concluye el quechquemitl.

Planta y arranca y desgrana, muele,
pica y revuelve,
se le arrebata el rostro,
cubren las manos cicatrices claras.
Su pelo se entresija, ya sin color
ni brillo, y sus carnes se vencen.
A veces sueña (¿qué?),
a veces piensa (¿acaso?),
casi nunca recuerda.
Es una región pronta
para acoger la muerte,
el día exacto,
como a oveja que se perdió en la noche.

LA GLORIA DE FILITIS

NADA labró Filitis, pastor egipcio.
Fue pobre.
No intuyó nueva barca
de líneas más seguras y bellas.
No imaginó jardines
ni un trazo ni una música,
no dejó nada escrito,
no movió una figura del sagrado perfil.

Sólo llevó sus bestias a pacer
al pie de las colinas
donde Quefrén y Queops,
los execrables reyes,
durante medio siglo
levantaron sus tumbas
sobre hombros de pueblos agotados.

Éstos, abominándolos,
no quisieron nombrarlos.
Justicieros decían
para hablar de esos sitios:
—Allí,
donde las pirámides de Filitis.

HEINRICH IGNAZ FRANZ VON BIBER (1644-1704)

Para Fabienne Bradu
Para Guillermo Sheridan

LÍQUIDA cinta que gira
en un plato de vidrio,
        Biber
imagina el más fluido circuito.
Sola y de pronto doble,
la cinta cimbra, vibra,
vibra la intangible para sí,
           glissando,
de arriba a más arriba,
ágil dibuja una capilla de capricho
—hay niebla
alrededor de su aire—
abierta a nupcias de viento y lluvia,
pero al sonido ileso
ni prisa ni crisis
lo interrumpen
          —muchos hay pasos y caminos—
hacia
      bikabik bikabik bikabik
voz de la codorniz,
inflexión de sí mismo,
maullido, zumbido, cielo,
todo es lícito en su violín,
brutal o elegante:
    sabidurías, minucias.

Vientre incidido,
admite a veces laúd,
una trompeta
y nace menospreciado becerro.

[160]

A REBATO

por Ernesto Mejía Sánchez

CASI se fue tu vida en añorar tu patria,
maldecir a Somoza,
en inquietudes del desarraigo
y quietudes de la amistad.
Mucho perdiste,
salvo el ser solar
y la gracia, que era más que solar,
entreverada de renuencia
y sintaxis con baile y quebradura.
Un día orondo y ebrio,
nos hurtaste una piedra —rodocrosita y plata—
cayéndote de risa,
mientras para embrujarnos
love love decías,
con un anzuelo en cada e,
poniéndonos delante de los ojos
la mano y el corazón de lata
de un anillo inocente:
ahora, fija y absurda telaraña
sobre el oro disperso del recuerdo.
Pasan moscas azules
sobre invenciones sabias y delirios del vuelo:
de ahí la rodocrosita, el anillito módico,
el techo en que tu hermana la monja se distrajo,
el hueserío invisible de tu cuerpo
y *Tzitzipandacuri 2* con su cristal de alcoholes.

Contra su estela estriban
tus armas, tus poemas.

JOSÉ LUIS CUEVAS

A pelo y pluma,
a combustión y a bruma,
procaz, salaz y angélico,
da como voces claras
                    pinceladas,
tiene por subterfugios
                    matices
de la aguada,
          en la que beben
trepidantes caballos,
                belfos dulces
y envenenados belfos.

Al paso va de los desastres,
desastres de la paz
—las mitigadas formas de una guerra
del hombre contra todo—
mientras sus manos van de su rostro
al blanco y caen
sustancias leves
que corporiza
en papeles,
            paredes,
                  demasías.

ORDEN DE ÁNGELES

A Susana Chaer
A Susana Garbino de Saráchaga

UNA precaria economía de ángeles,
dos o tres,
            no más.
                        Pero bastan.
Ponen dedos fluidos
en el fárrago,
aceite en el naufragio,
para empezar,
            una sonrisa sobre el caos.

Cuando se alejan
queda un color suavísimo tendido
sobre este mapa irregular
que no querría perder,
que el corazón dichoso reconoce.

Breve mesta

CUERDA DE GORRIONES

FORZADOS de la hora
están a la orden
uno junto a otro y a otro
en lo alto del muro,
sobre la pincelada del sol último.
Un ágil coro alegre,
incontable, en pleno desenlace.

Antes de la algarada
por un sitio en la noche.

ESTORNINO

COMO si el estornino
no tuviese otra cosa para el asombro
que su nombre.
¿Pero en quién sino en él
obra el dorado?
Lo primero es su pico,
próximo a todo.
¿Y esas chispas de oro de sus plumas?
Vestido así igual trajina
entre los pastos de la tierra.
Va como un caballero medieval,
pronto para el torneo o el asalto

o el polvo del camino
en sus ropas de noble vagamundos.
Experiente y arisco,
con él no cabe diálogo ni ofrenda.
Quizás el ojo de Ahura Mazda
contemplando en Persépolis
el raso oscuro de sus galas,
lo dejó tachonado de fulgores
y él no lo ignore.

CARACOL

EL caracol va con apuro
aunque la gente no lo crea
y piense que sólo pasea
en busca de sol por el muro.

Al contrario, quien en lo oscuro
sus calcáreas burbujas vea,
sepa: ni duerme ni procrea.
Deseoso de mejor futuro,

ha resuelto cambiar de casa.
Y no codicia un rascacielo
con harto hierro y argamasa,

y sí donde el hornero anida.
Pronto lo verán por el hielo
buscando un iglú a su medida.

[168]

GEÓMETRA

Advice from a Caterpillar.
LEWIS CARROLL

ACOSTUMBRADO a medir su camino
el gusanito geómetra y vano
buscando sólo un futuro profano
cree encontrar en el circo su sino.

De equilibrista será su destino
si el del trapecio le tiende la mano.
Teme al felino, teme al cuadrumano
y ambos temen pisar a ese vecino

así de quebradizo, así de parco.
El elefante, al fin todo terreno,
por él se ve obligado a poner freno.

¿Cuál es su gracia? Convertirse en arco.
Pero esa gallardía pronto expira
cuando una trompa sin querer lo aspira.

GATOS

COMO tras los mullidos ves tres gatos
a su trisagio erótico ceñidos,
saltar por los tejados, aguerridos
como otros D'Artagnan, Porthos y Athos,

[169]

pasas a depender, no de insensatos
pensamientos ajenos repetidos
ni de tu larga deuda de descuidos
sino del paso de estos gatos gratos.

El primero te quita de lo humano
sin llevarte por eso a lo divino;
el segundo te anima la sonrisa;

con el tercero, piensas, de la mano,
más cabal, de la cola del felino:
¿a qué, no siendo humanos, tanta prisa?

PEQUEÑO ERIZO

¿QUÉ va de un tazón de caldo
a un erizo?
¿La luz tibia de una cocina?
¿El frío, afuera?
Pero, es otra la ciudad,
es otro el frío, otra la luz.
Una orquesta salta vallas hacia
las cascadas en las que vuela el piano.
Sobre el grueso papel,
mínimo el afiebrado cuerpo.
Y gris, el terciopelo del hocico pedía,
me pide aún la caricia posible.

Solo lunático, desolación legítima*

*Ma poésie devient méchante et pleine de ressen-
timent, mais c'est pour mieux voir, et non pour
faire mal. Le ressentiment est comme l'exception
de Nietzsche: «Un feu qui se consume lui-même
tout en rendant visible tout le reste».*

MAURICE BLANCHARD

---

* Este título alude al de la «Tertulia lunática» de Julio Herrera y Reissig. A princi-
pios del siglo pasado el gran poeta uruguayo formuló en ese poema su «interrogación
huraña» y su desencanto. Repetir su esquema formal implica un homenaje y el intento
de aludir a las pocas variaciones en el «calvario».

Con el alma hecha pedazos
tengo un calvario en el mundo...

Todo suscita el cansancio
de algún país psicofísico...

JULIO HERRERA Y REISSIG

Dirán que es melancolía
y no es sino desengaño.

LUIS DE GÓNGORA

1

DE a poco se traspapela
el orden, el tiempo llueve
sobre el tiempo y todo mueve
lo fijo y lo traspapela.
Siguiendo su propia estela
pasa un viento sin cobijo,
con un rumbo que no rijo
pronto a atesorar engaños,
dilapidando los años
hacia el conclusivo alijo.

2

¿HABRÁ consuelos lejanos,
cuando un cúmulo de cuitas

que no parecen fortuitas
nublan espejos lejanos?
¿Te protegerán las manos
o los santos en sus nichos
de ceder a los caprichos
de un poniente vuelto Midas,
mientras pasan a vencidas
tus principios contradichos?

3

TENACES días gloriosos
contra la verdad fabulan
y el alma nos cuadriculan,
tenaces días gloriosos.
Pero lares pedregosos,
con sus modos de no verte,
disimulan una inerte
variación a la inclemencia.
Dice un resto de conciencia:
¿no es el silencio tu suerte?

4

DE celadas y de errores
nacerá un mapa de acosos
adonde bailan los osos
al son de viejos errores.

[174]

Un terrado de dolores
contempla sin esperanza
las dudas de la balanza.
¿Será que la luz disfruta
equivocando la ruta
donde el ingenuo se lanza?

5

PUEDO glosar la mentira
de un vago día cualquiera,
mariposa o flor o fiera
que se viste de mentira.
Algo en el círculo gira.
¿Esto brilla? ¿Esto parece
astro nuevo que ahora crece?
¿Viene en grupo o anda suelto?
Cerca pero no revuelto,
canta el pájaro en sus trece.

6

CREES descubrir lo secreto
—donde lo oscuro compite
con el azar y repite
sus modelos en secreto—
tocando un cielo concreto
con manos de la ilusión.

Finge un eco ser canción
nueva, que canta un hermano
y aunque tú te crees sano
te preparan tu poción.

7

A veces verás la hoz
aparejada a un cintillo.
Escarapela y martillo,
acompañando a la hoz,
suman su fuerza feroz
disfrazada de tristeza,
trayéndonos de cabeza
a quienes nos rebelamos
al ver que los mismos amos
vuelven por la misma presa.

8

SILOGISMOS sin premisa,
conclusiones con premura
mueren de lógica pura,
olvidando la premisa:
misericordias sin misa.
En un nimbo de desgana
pesa genios la romana
mientras el burro en su noria

habla en nombre de una historia
que ha quedado sin mañana.

9

¿CÓMO decirle al que cree
todo lo que dice el mal
que no resulta casual
que no creamos que cree?
¿Es prudente y no prevé
que los filos del engaño,
si rápidos en el daño,
no duran eternamente?
Como no limpie su mente
balará con el rebaño.

10

TODO buzo aquí somete
su derrotada escafandra
e inútilmente Casandra
su mal augurio somete.
La verdad puesta en un brete
cuenta que a callar la obliga
el unto de tanta liga
para apresar lo que vuela.
No esperes que se conduela
la polilla de la viga.

11

LO que dura y no es rocoso,
lo que calla y no es la muerte,
es la magia que convierte
aun lo frágil en rocoso.
¿Es escenario o es pozo
lo que tanta luz postula?
Esta realidad anula
en mí su declinación
sirviéndome una ilusión
que la lejanía azula.

12

MIRA y muerde, muerde y mira
la envidia. Una cerradura
le pone al aire y con dura
mano golpea y no mira
si lo que mata conspira
o es de males inocente.
Como le teme al relente
del aire que al otro acuna,
irá ladrando a la luna
su verdad, con la que miente.

13

QUE el número más funesto
se consagre al egoísmo
que es epicentro del sismo,
constancia de lo funesto.
Zumo amargo de denuesto,
serpiente de sinrazón,
inocula desazón
porque a la vida atropella.
De poco te valdrá ella
si aquél muerde el corazón.

14

PASO a paso, rosa a rosa,
otra vez la primavera
le pinta la calavera
a la tierra, verde y rosa.
Búrlese, la decorosa,
de tanto gris sostenido,
en cada rama abra un nido
y prepare una cantata
para que el alma no abata
sus alas tras lo vivido.

15

EL cielo cuando aparece
a una loma retrepado
y tras árboles brotado,
como más cielo aparece.
¿Quién entonces lo merece
sino el que a diario se asombra
de vivir más, casi sombra,
que lo que una mariposa?
Mirándolo se reposa
y vuelve a amar lo que nombra.

PROCURA DE LO IMPOSIBLE
[1998]

A Enrique, en cuya soledad habito

Ah...
tan dolorós esforç per confegir i aprendre,
una a una, les lletres dels mots del no-res!

Salvador Espriu

Soltar el mirlo

Nothing will come of nothing, speake againe.

King Lear

Ni cogeré las flores,
ni temeré las fieras...

San Juan de la Cruz

SERIE DEL SINSONTE

... and if men should not hear them men are old.

E.E. CUMMINGS

I

IRIDISCENTE en lo más alto de su canto
entre dos luces libre celebra, labra
un elíseo de música en un árbol,
el pájaro burlón, el sinsonte de marzo.

Por la noche sumó nuestros silencios,
los halló opacos, sin centella;
entonces, como un delfín del aire,
hace su prestidigitación de amanecida.

Va hacia arriba con dicha de ráfaga,
sólo afín a su vértigo propio,
pero regresa siempre a lo discreto,
al negro, al blanco, al gris en que se esconde.

Pone su voz corona donde elige
cima para entregarse a calma o viento,
virazón de delicia en el desierto
del total desarraigo y desaliento.

Él delira sensato en su fragmento.
Tan perfecto este diálogo, este lento
juego de acompañarse y no entenderse
a solas cada uno con su sueño.

II

Canta eterno el sinsonte en el árbol
y es rocío que el sueño refresca,
ola que espuma la punta lejana,
irreversible Iguazú que imagino;

canta el pájaro y cruzamos el vado
¿no se escucha la losa, la túnica,
una risa que aplaza relojes,
un relato que rueda en los siglos?

Canta el pájaro aquí y entreabre
la cerrada, distante ventana
a un silencio que puede ser música
pero nunca sinsonte ¿Calandria?

III

El largo día es su escenario.
Preciso pasa, precipita cristales,
violas y flautas, triángulos y burla.

Anuncia, ruega, ofrece y nunca queda corto
y hace llover la deliciosa sombra
que al mediodía siempre se le olvida.

Apaga pálidas sirenas
para ofrecer *Gato maltés azul*
a los que nada ven y nada escuchan.

A los hastiados dice que soñemos,
en el espacio de nuestra ceguera,
otro lugar, otro tiempo pasado.

IV

Dice el sinsonte a cada nota:
jilguero, petirrojo, clarín, mirlo
y para que no olvide aquel perfecto
blanco sobre lo blanco de la espuma,
hace un silencio donde vuela,
sol y sal solos, la gaviota.

SOLTAR EL MIRLO

HABLAREMOS, árboles claros,
después que el viento se haya ido.

*

Arde este tajamar de inundaciones graves.
El gamonal de arriba no lo impide.

*

Aun el árbol engaña.
Sólo la música dice un paraíso.

[187]

*

El fuego quemó sinuoso el campo.
Hoy su cicatriz es la lengua más verde.

*

Andar lo más posible sobre trébol.
Tropezar prueba la cercanía del cielo.

*

Leuda la luz sobre un caballo blanco.
Los tersos benteveos se dibujan cantando.

CAPITULACIONES

FIRME en su fuego
fragua fábulas
el infierno.

*

Sagrado era el recinto
donde el rayo ha caído.
Sagrado el meteorito.
¿Sagrada, así, la víctima?

*

[188]

Cantar la seducción de lo ya muerto,
el paraíso luego envilecido.
¿Cantar, entonces, cómplice,
acatando la cripta?

*

Celebrar este árbol,
avizorar el hueco
que va a suplirlo pronto.

*

Mirar el cielo puro.
En una historia de cielos absolutos,
saber que siempre ciegan.

*

Velar la nada,
velar como si nunca
veladuras, vejámenes.

Imágenes del mundo flotante

PALOMA

POSADA la paloma
en la pared blanquísima
blanca es y reverbera,
es de veras,
    es verbo,
nos venga.
Blanca posada pide,
pasajera.

De pronto es negra.
                    Vuela.

MARIPOSA, POEMA

EN el aire estaba
impreciso, tenue, el poema.
Imprecisa también
llegó la mariposa nocturna
ni hermosa ni agorera,
a perderse entre biombos de papeles.
La deshilada, débil cinta de palabras
se disipó con ella.
¿Volverán ambas?
Quizás, en un momento de la noche,
cuando ya no quiera escribir

algo más agorero acaso
que esa escondida mariposa
que evita la luz, como las Dichas.

TERUTERUS

«Fie, fie, fie!» now would she cry;
«Teru, teru» by-and-by.

RICHARD BARNEFIELD

TEROS instantáneos
teros tersos
flagrantes en la grama
envainados en su aguzado gris
a la sirga del grito van
descarriados adrede
teruterus
teruterus
tantos
     aquí.
En el trampal donde menos se piensa,
     gritan.

COLIBRÍ

LA resolana que vibra,
un breve sol en el seto
un *ts ts* que al aire libra
su peligroso secreto

[194]

y ya la flor disminuye
ante el prodigio de pluma
que surge y deslumbra y huye
y sólo alcanzo por suma

terca de años, en que presa
del hechizo, sigo en vano
la milagrosa destreza
que lo suspenda en mi mano

y entonces por un segundo
sentir cómo late el mundo.

MANZANA

EN la ventana
un volumen rojizo de paz
es la manzana.

Parecería qué loca
si volara
hasta de su saber despreocupada.

Andaría zorzal
de no quererse canto en nuestra boca
a la hora frugal.

Detrás, el sol
se pone igual de rojo
y no es mayor.

[195]

RÍOS

LEJANO, en esta orilla del río
uno suele imaginarse lejano,
a orillas de otro río,
imaginándose en esta orilla
a la espera
        de que desciendan
ríos misteriosos.

VIDRIO

EL simple vidrio
no fenicio, apenas servicial,
el frasco rústico reluce,
mojado su a través
como cristal.
Es bello, y misteriosa,
mientras no interceptada,
su paz.

EUCALIPTO

PÁLIDAMENTE florecido el eucalipto
soporta solo, en su sitio incambiable,
la lluvia.
Ve avanzar, de sombrero a tobillos, amarillo,
al ciclista. Sacude el árbol

[196]

su follaje febril, su ramazón mojada.
¿Cómo podría decir su pánico ante tanta
intensidad serpentina, amarilla?

MARZO

MARZO marítimo mana fulgores.
Jugos súbitos entre las copas
brindan por el misterio
de este tiempo vacío de magia
pese a su bando de prodigioso,
prodigante otoño.
Nada, sino los modos del sueño,
habrá cambiado. Nada,
excepto los alivios del olvido.
Condiciones de luz y de desánimo.
Y no hay Madagascar incandescente.

HABITACIONES

¿MANTENER frívolos saberes
entre los rápidos de un río,
y sabrosas perezas matutinas
mientras parleros pájaros proclaman
la luz que a todos nos concierne?
¿El paradero aislado
en la intemperie comunal,
la aplomada confianza en el auxilio

[197]

si la sobrevivencia afila
útiles garras?
Temblamos con el viento
tenemos miedo de lo oscuro y alto.
Cómo olvidar la torpeza lentamente adquirida.
Parásitos de la nada
de las habitaciones cargadas de todo,
glosamos las cúpulas agrestes,
esa opuesta belleza.
Soñamos con soñarla.
Pero, girando en un aire de orates
orando por no perder nada
de lo perverso, vertemos nuestra vida
en reparos sin riesgo.
Siempre en el hoy, apenas,
tan de penas tejido.

CASA

CANTA esta casa.
¿Baila en la noche a solas?
Casi escondida dice
                    una historia todavía humana
que una cometa china,
balanceando en el roble sus colores ingenuos,
traza, traduce, mientras
                         suave
la mueve el viento.
Su gracia es de este mundo
y nos salva de esas flores
sin estaciones
nacidas bajo el árbol del Mal.

[198]

Su resplandor avanza
—una imagen que vuela a nuestro paso—
hacia otro tiempo
que duele al alma mudada que la mira.
Desde su secreto canta,
                              canta aun delante
de una estatua de sal desmoronada.
Se recompone ya distinta,
para otros ojos que la miren,
                                        luego,
diversa en su misterio.

CASAS

SALAS en sombra, ciegas, casas solas,
nos miran con paciencia partir,
nos gravan con su quietud,
suspendidas en umbrales esperan.
Saben que siempre se regresa a ellas,
al silo que su sitio significa,
más que a la ciudad misma.

(¿Pero en qué noche regresamos? ¿Cómo?
¿A ser fantasmas, con celo lo adventicio
que ambula sin sustento?)

A veces, a nuestra espalda caen.
                              Luego,
un dibujo de puntos
                      cuelga el balcón ausente
y visiones se asoman pero ya no nos miran.

[199]

ESTILOS

TANTO cuarto atestado
y vas por ilimitados vacíos.
La tribu, atribulada sin saberlo,
atestigua su idea
del arte
      del espacio
—tan sin paz— y las aspiraciones al milagro.

No mires la carencia,
lo triste bajo vidrio.
Cada marco propala un cielo mínimo,
la apocopada imagen de un bosque,
aguas, ponientes,
trazos, a veces rostros.
De todo fluye
lo involuntario: del cromo romo,
del vaho de las flores de tela desvaída,
de un almanaque sumiso al tiempo por venir.
Todo es mar de tu muerte.
Pide un desvío al paso,
a un tris del sí ya triste,
admite el espejismo,
todo fulgor,
del bosque, amén del mar
y entra a ese sueño.

SOL TAN TENUE

SOL tan tenue que apenas se deduce
de una gasa de sombra,
de un levísimo pío:
                    hay un paraje aquí
que no codicia nadie,
por nadie resguardado.
Lo señala esa nube que sangra
su inapresable forma.
                    Pero
la nube cambia de sitio a cada instante,
síguela,
observa sus agüeros,
                    inaugura,
que no llegue lo cierto a aguar el gozo
en su pobre guarida.
Y recoge los oros
que pagan tu ninguna codicia.

IMAGEN DEL MUNDO FLOTANTE

AVANZA recto el amatista,
                    sin ambages,
da, cruento,
            sobre el amaranto carmesí
y centellea en el sumiso cristal.
Cuesta sobreponerse a este doble poniente
Esa vidriada imagen que te ciega,
como a veces el mundo,
aquí, donde nada puede durar,

[201]

pronto será flamante ruina.
En tanto, multiplica runas
de dramático aviso
que dicen malandanza y danza
de la muerte
y aguardas ver tu reflejo allí,
humo flotante:

Es amargo ser Tántalo. ¿Vale amar?
Igual pasas crujía,
inauguras tus peores augurios.

Mientras llegue la noche,
una vez más cerrada, sigilada,
sigues, válganos Dios,
macerando en ese mismo alcohol
la pupila, el pabilo del alma
que ve los males que la matan.

Tropelía

*among the wolves. Each syllable
is the work of sabotage.*

PAUL AUSTER

EL DÍA, UN LABERINTO

EL día, un laberinto
donde sólo tienes la luz
                unos minutos.

Te asomas a la mesa que marea,
miras papeles,
           mares que se ajan,
letras confusas,
           hojas de otro otoño,
el registro del día,
           el laberinto,
donde solo tuviste luz
                unos minutos.

LA GRIETA EN EL AIRE

TEJES la muerte, el canto,
Penélope que sabes a ciegas
del periplo
           y la ruta sin gloria
de los pasos
que buscan morir en las sirenas
cuyo canto sucede
mientras tú borras cantos,
al borde de ti misma,

de la tela
de vida
que rasgas cuando
el silencio impone arrecifes orales,
un rodeo rastrero:
retírate
al dibujo difícil de tu tela asesina.
Olvídate del canto.

DESTINOS

LA paciencia sea la virtud de los desvirtuados
que miran el pozo ciego, cegador.
Allí la sombra de lo idéntico espera
como un tapiz de púrpura
tendido para el crimen.
Gestos inaccesibles, persuasivas palabras
les enrostran la única culpa que no tienen,
el tiempo.

CALENDARIO

EN enero morimos,
febriles de febrero,
frágiles
frente al fatuo fuego frustráneo
de este tiempo.
Nos rodea el vacío

[206]

y allí lanzamos nuestro grito
y suena a hucco
         una hueca caverna como

                    hueca hueca
y no sabremos si no hemos matado
una serpiente
que dormía sin culpa.

Nada
ocupa más lugar de duelo
que el eco de las profecías.
En tanto la esperanza hace túneles y túneles
que cae como esa voz o piedra,
dando voces
en el incomprendido lenguaje
           de la piedra.

DEMONIO DEL MEDIODÍA

ARDE febrero, arde
y el demonio del mediodía,
sacude su cola hacia la siesta
y es difícil pensar.
Apenas vamos por márgenes
de imágenes.

Una daga puede ser una daga
de la mente, allí helada
garra o daga,
mácula en todo momento

[207]

de la mente,
que cava el corazón.

Crear entonces brumas, praderas
mirlos,
      mares de la mente,
tan provisorios como los reales,
para salvar febrero,
espantar su demonio.

VUELO

HACIA infinitos sobre nubes
la soledad va y su prudencia,
la indignación y su cornisa
y la obsesión y su retórica.

Puede la angustia enceguecernos
bajo rueda perezosa
que hace la muerte a los que espera.
Se flota entonces entre el pánico,

como este vuelo encaminado
entre caídas en la niebla
            —previsto azoro—
que levanta mientras avanza,
contra la inercia, todavía,
su obligación de conducirnos
de ninguna parte a ninguna.

REPETIDA LITURGIA

CRUZA pugnaz por todas las ciudades
la familiar calle del duelo
cuyo color —las gaviotas, los cuervos—
de adentro afuera mana, blanco, negro.

Voces podrían escucharse músicas,
pero más puede la fuerza negra, blanca,
con un calvario de árboles quemados,
borrar la esperanza posible en el presagio.

LA PALABRA INFINITO

LA palabra infinito es infinita,
la palabra misterio es misteriosa.
Ambas son infinitas, misteriosas.
Sílaba a sílaba intentas convocarlas
sin que una luz anuncie su dominio,
una sombra señale a qué distancia de ellas
está la opacidad en que te mueves.
Van a algún punto del resplandor y anidan,
cuando las dejas libres en el aire
esperando que un ala inexplicable
te lleve hasta su vuelo.

¿Es más que su sabor el gusto de la vida?

ECUACIÓN

ÁRMASE una palabra en la boca del lobo
y la palabra muerde.

En el movedizo fulgor del cielo
hacia el ocaso,
callada encalla; se vuelve brillo,
es Venus:
                    cordera que encandece.

APENAS CONCIERTO

TANTAS argucias del oboe,
tantos giros en espiral hacia la cúpula
de un cielo que nadie le discute
—ostentaciones de hiedra
al último sol de la tarde—
y caídas hacia la arena dócil del violoncelo,
no obstruyen la inatacable realidad:
el bajo continuo persevera.

Aquí un concierto
                    y nada más.

PARVO REINO

No basta el pájaro que
silba en la defensa de su rama
ni el arcoíris mínimo,
la cola de pavo real del riego.

No basta un libro,
el silencio donde se logra
trasmutar algo en oro
o esto que agobia,
                        casi pensamiento.

Tu indolencia tiene la edad
de unas páginas inconclusas
y ése es todo tu reino.

LA VIDA VULNERABLE

VULNERABLE, la vida verdadera,
como un poema a punto de nacer
                        verdadero.
Vulnerable, la vida, cuyas aristas,
                                    ávida,
        a veces has rozado,
        viene a orearnos la hora nona,
        la del alma y el sueño,

        busca reposo en vano en aquel punto.

El peso que le otorgues
en la balanza última
te será reclamado.

VENTANAS, ÚNICO PAISAJE

1- SI miras hacia arriba sólo verás
disgregarse veloz una unidad
contra el liso azul,
lábiles velos a inconcebible distancia.
Verás un río sin vados.
Más acá,
ya en el atrio
del escándalo y los matices,
golondrinas sobrevuelan
este despeñadero de ventanas.

2- Golondrinas que aman el cielo,
su compasiva comba, y abrazan el espacio
y trisan, trisaban en aquel tiempo de ese modo.

¿Será que ellas trastean también
y traman contra ti esta tramoya?
Olvídalas, hoy no es el abismal ayer.

3- Y, sin embargo...
Mira al trasluz
aquí, la sombra, y allá,
en el trazo de esos válidos vuelos,

la belleza que, inalcanzable, fugitiva,
pasa. Cree en ella, pregúntale
si en tiendas últimas espera.

PEZ EN EL AGUA

COMO pez en el agua,
como pez, empero, pensado por Leibniz:

pez lleno de lago,
            de lago lleno de peces,
pez infinito lleno de lagos infinitos,
a la orilla de un sí mismo infinito.
Entonces sí,
            como pez en el agua
de un lago
            de otro mundo donde
      no
            nos
                  laceren
                        lagunas.

Jardines imaginarios

imaginary gardens with real toads in them

M. MOORE

Volveré a la ciudad que yo más quiero
después de tanta desventura; pero
ya seré en mi ciudad un extranjero.

LUIS G. URBINA

CLINAMEN

Y volveremos siempre al sesgo
del clinamen,
al riesgo de apartarse del punto del pasado
donde aún el dardo tiembla,
para recomenzar.

¿De salirse de madre vendrá
el encontrar la madreperla, acaso
la perla sin prisiones?

Sin prisas derivar,
aunque cambie de nombre el distraerse
del paso de los años,
del peso de las mañas ajenas
y de la anulación
de las mañanas.

Claridad, caridad:
volver a aclimatarse
        en
           el
              declive.

LA MESA OSCURA

I

Al fin la mesa circular,
pero, trémula de sinrazón, la vela.
Fuera, indómitos,
los follajes ajenos cortan
arenales planicies.
Siempre será otra parte,
suelo,
        cielo
y el plumón de tu pecho insuficiente.
Se morirán lejos de ti jardines
porque a la orilla de esta mesa oscura
oscuro pozo sin respuesta miras
y ves otro pasado
y verás otra muerte.

II

Tristeza trae el crepúsculo
—entremés tramontano—
trivial tragedia trae
trunca luz al tirarse
—trampolín es la noche,
como esta mesa, oscura—
desestrelladamente.
Nos vaciamos a cántaros.
Y es un deslizamiento opaco
lo que doramos vida.
Y han destruido los últimos
árboles de la calle.

[218]

III

Nace incesante noche
acaso desde la mesa oscura,
centro imperioso ahora
de oscura, ciega vida.
Aproxima la sombra
filosísimos lejos
y elástica recorre
la distancia tan breve
de nacimiento a nada.
Entonces se hace piedra
o diverge de espaldas
o circular delira
o es borrosa y baldía
y fugaz la palabra, fuego
que debería servirnos
infinito alimento.

DESAZÓN

IR por la calle donde no brilla
ni una sonrisa del lenguaje,
donde no asoma ni una flor
desde las almas agrietadas.
Los pájaros,
                segura prueba,
guardan distancia,
                cantan alarmas
en lo desolado confuso.

[219]

Intenta la avenida amarilla
en la que el ginkgo se desborda,
a través del radiante parhelio
que sus abanicos dispersan,
dejar un signo de ventura
latiendo en el hueco de todo.

El resplandor será barrido.
Como palabra pertinaz
renacerá dentro de un año.

MEMORIA

DE los días de gloria
la memoria es espuma
a orillas de una playa donde canta
la belleza que muere, que renace
pájaro, que se disuelve en cielo,
pabellones de nubes:
     Ecumene barrida
por la cola de escamas de la sirena sola,
al cabo silenciosa.
Gentil, la eternidad parece frágil,
nos cede eternidad.
     Así, leyenda.

Pero, si historia, entonces,
quizás sequía, quimera monstruo,
derrumbe de telones,
plomo de cielo bajo,
cóndilo en que aún no queriéndolo, encajamos.

Lo opuesto
a lo que no veremos:
          planetas que se tejen
en torno a Fomalhaut,
          distante estrella.

DERIVA

DE pronto es el trajín de diligencias,
pero sin celo,
          que al cielo no nos llevan.
Hay conductos cegados, no dilectos,
sí malignas conductas,
minúsculas tareas,
mareas de malestares,
irritadas hormigas del verano.
Y el manantial de sueños, el maná milagroso
del ejemplo del justo, ya agotado.
Las abluciones en blancas hablas árticas, imposibles,
todo impasible cuando
el ajetreo del ajedrez inútil de la palabra.
Tener paciencia, pensar ser esperanza.

¿O creer que lo bello nació por una sola vez
de aquella espuma?

ALIANZA CON LA NIEBLA

UNA historia narcótica empapa
a esta ciudad suspendida en la nada.
¿Qué sueño no se oxida en este invierno,
dónde segregan voces los silencios
y la ceniza acalla en vez las voces?
A solas extendemos, para que se oiga lejos,
entre la retractación de los espejos,
la inútil lealtad de nuestro viaje.
Se llevará un naufragio su mensaje.
Todo es península, para quien sabe,
en su camino oculta, hiedra o mina.
Sea la niebla aliada y no enemiga.

LUZ

CUÁNTO dura la luz montevideana
en esta rambla, aquí, donde se abrasa
el aire en el agua del sol.
Donde el viento la vuelve velo,
fuente fugada, para que nada,
firme firmamento de ilusos
se desplome.

Cuánto dura la luz, donde
la sal conserva su contorno más duro
para que al fin de cláusula
vuelva la claridad con su clamor.

Cuánto dura la luz, cuánto

[222]

dura la luz en el verano,
como si alguien quisiera aquí
alcanzar la imposible
noche blanca del Báltico.

MONTEVIDEO

LÍMPIDA fresca y eléctrica
era la luz* y el cielo leve
como el final de una paciencia.
Lejanísimos nubes, nombres,
cercana a la vez una salva
de golondrinas por el aire
pero en honor de nada o nadie.

¿Cómo llegamos a este vano
marco de marzo hacia el vacío?
La seducción, no del abismo:
de poza quieta y sus insectos.
Puede lo bello ser un hueco:
las desoladas quemazones
sobre una tierra distraída
de lo que un día hubiera sido.

* *Limpido fresco ed elettrico era il lume*. Dino Campana, *Canto a Montevideo*.

LO COTIDIANO

DEL *cotidiano entreasco**
al regreso sabrás:
        el silencio,
el espacio vaciado
para que el pie vacile.

A la vuelta comienza
           la muerta
roma disputa yerta
sobre lo traspensado
y lo posmuerto.

Vía brumosa borra
la euforia generosa.
Apela a parir sombra
         solos,
a seguir en el silencio exacto
que una barca
que navega en los siglos
nos enseña.

VÉRTIGO

EQUIVALENTE *a libros que perdieron su clave***
esta tierra arrasada
        y que no se sucede,

* Oliverio Girondo.
** *...l'equivalent des livres dont la clé fut perdue.* René Char.

este mar que se cierra,

                       este sol que sucumbe

y la bruma de alma que se aploma de bruces

cuando tantos imanes

reniegan su regular oficio.

El vértigo es lo terrible del hueco.

Los ramos no aceptados

que padece la sangre

te salvan de la oblación sin fruto.

¿Harás un tabernáculo de tanta clave falsa?

Un Libro se ha de abrir en algún aire.

Arder, callar

EXILIOS

tras tanto acá y allá yendo y viniendo

FRANCISCO DE ALDANA

ESTÁN aquí y allá: de paso,
en ningún lado.
Cada horizonte: donde un ascua atrae.
Podrían ir hacia cualquier grieta.
No hay brújula ni voces.

Cruzan desiertos que el bravo sol
o que la helada queman
y campos infinitos sin el límite
que los vuelve reales,
que los haría casi de tierra y pasto.

La mirada se acuesta como un perro,
sin el tierno recurso de mover una cola.
La mirada se acuesta o retrocede,
se pulveriza por el aire,
si nadie la devuelve.
No regresa a la sangre ni alcanza
a quien debiera.

Se disuelve, tan sólo.

CANTO QUIETO

NO importa el deslumbrante sol,
un minuto después del mediodía
es ya la noche*
que tiempos sin fulgor imponen
a la dudosa luz futura.
Revela el mundo aleves, larvados
rasgos, nubla lo nítido.
Desbordado el encauce,
te abraza conminador lo impío
y es arduo
adir herencia alguna.
Escarbas en tu privado fin de era:
hiela la historia ciega.
¡Cómo ser más cuando lo menos reina!
Guarda en la mano entonces
—talismán, filacterias—,
no un canto rodado:
                              un canto quieto
donde encender el alma.

ATADURA

ESTROFA, etapa, andamio,
atadura, limitada catástrofe,
mar guardado en paso de montaña
donde habrán de caber,
sea como brasas, como piedra sea,

---

* John Donne.

demasías de lo vivido,
apetencias de lo que no vivirás
en riguroso relicario,
en encrespado reglamento.

Luego sabrás si nada sobra en ella,
luego entenderás lo que allí falta
para que el cielo entre
en lo invadido por el infierno
y se abra, como olor a jazmines
después de la tormenta,
la voz de las conciliaciones.

CAPULLO

CUANDO dices: *palabras*
¿qué espacio estás cerrando?,
cuando piensas: *despacio, ya llegarás*
¿adónde?:
      cuando en tono de sombra
alguien murmura lejos:
          ardes amurallada,
eso tan sólo oyes.

      Y no de qué está hecho
ese capullo helado
que se te va tejiendo,
augur exacto de electricidades,
buen conductor y amargo.

LECTURA

AL silbo de las sílabas subía
de siete en siete vuelos
hasta alcanzar un cielo

de sílaba serena,
que esconde lo que sabe que te espera,
la sílaba no sierpe
en donde el alma siempre
se concierne.

Cruza discreta por salteadas muertes,
vacila ante el adusto
mirar del desamor.

Susurra como el agua de corriente
dócil y sazonada,
cuando a su breve brazo brevemente
te aferras, si es que nada,
con otra forma del soñar te engaña.

ORIGINALIDAD

¿CÓMO cantamos
            si cantamos como?

ARDER, CALLAR

> Y ardamos, y callemos, y campanas.
>
> PABLO NERUDA

SIN lar, sin can, sin cala,
callar como precipitarse,
mientras arde
la ansiosa fiesta del efímero otro.
(Abominable yo de mambo y rumba,
un yo de Rambo
que trepa a la veleta
de la pobre provincia
y desvaría glorias y gira solo,
en seco.
       Sin ver que el viento
                     interrumpido
va de otras torres, de otras almenas
altas y lejanas.)

Entonces, por qué no,
precipitarse en lo olvidado,
donde entre rocas ruge el río
y ráfagas repasan la corteza,
esta seca corteza del mundo,
en que paramos,
siendo todo anulado y repetido.
Y aquietarse y con suerte
sentir en el inmenso, interior campo,
un sonar de campanas hermanadas.

ANILLO REDRO

SE ha ido alzando el telón
y estás
en la terrible oscura zona
o grado
        o modo
donde lo inmóvil e invariable
comienza a variar y a moverse
hacia la mayor sombra
y ha desaparecido la floresta,
no quedan flores, fuentes,
        filtros,
                magia
y no habrá Parsifal que pregunte:
        ¿dónde, el Grial?

EL TINO INÚTIL

LA deriva va a tener su rápido.
Pido llegar a verlo,
para ser una más, entre pocos,
a decir:
        lo dijimos

LA MENTIRA

VUELAN fronteras de un país
cuyo falso centro está en nosotros
que quién sabe dónde estemos.
El norte está en el sur,
este y oeste se confunden,
el sur se pierde entre la bruma
y dentro lo más vivo es la mentira.

¿Quién no tiene un cachorro de mentira?
¿Quién no le da su fiesta acostumbrada,
lo impone en campo imaginario?
¿Quién no draga o airea
su mínima mentira, sea gris o grandiosa,
y la lleva
donde los pájaros, las mariposas vuelan,
verdaderos, cada uno a lo suyo?

Y cuántos
celan la mentira del otro
mientras sin malicia los mira
la honestísima muerte.

UN NIÑO, UN SUEÑO

UN niño es un campo minado
de hermosos imprevistos.
Si pudiera evitarse, ay,
el desvío
hacia el hombre derrumbe y lo sabido

[235]

apartar el guijarro
que va a obturar la fuente
de la gracia posible, su derecho.

MAELSTROM

LA malandanza amanece, mueve el maelstrom
el improperio de mineral miseria,
pero, *à chaque fou plaît sa marotte*,
y, todo aceptado, vas en minutos
como de Mohenjo-Daro a Moholy-Nagy,
todos los mares pasan por un mínimo estrecho
—qué atropello, qué muerte.

CENOTE CEGADO

DE encinas a enconos,
de vislumbres a vísperas sicilianas
de cada atardecer,
un cenote cegado
                    donde yace un milagro
entrega aterrador su terremoto.

Alguien rumia en la fuente.
Pero la magia
no es para rumiantes. La magia
como un río que fuese nada menos que un río

se desborda de camino a vuelo.
La magia no se abrevia en porciones volátiles.
Por sí o por no, cobarde,
sumerjo la mirada, no la mano.

SALUTACIÓN DEL HERIDO

SALVE, silenciosamente.
Tú sabes ya
qué cruces van a marcar tu tumba,
cruces que por lo visto ya desbastas.
Sus astillas no permiten que olvides
que, como deberías, no te has muerto.
Sobre todo no olvides no olvidar lo que mata,
lo que habita tu mente, la mancilla:
los astrosos desastres,
los móviles ajenos,
las fórmulas inmóviles
en la inexactitud de las historias.

Una espina es una espina es una espina
y dura mucho más que la rosa precaria.

[237]

Terquedad de lo ausente

TERQUEDAD DE LO AUSENTE

NEGRO, el perfil de los árboles
contra un cielo,
        aún,
de libro de horas.

Un pájaro revisa
        en este anochecer
la breve historia de su día,
mientras
     la luz que enciendo
flota
   sobre el vidrio.

Como flota la vida,
       en el vacío.

PASA LA MUERTE Y QUEDA

PALACIOS sobre tumbas.
Tumbas sobre palacios,
como plegarias, vida replegada,
segada entre el más ruidoso silencio
y precisos sonidos de derrumbes.
Bárbaros contra libros seculares.
Toda precariedad es palimpsesto

[241]

pálido de irreparables llagas.
Como a Sócrates su daimón me digo:
alguien debería hacer todavía más música.

1994

DOS POBRES

ANOCHE anduvo por el sueño
la neoyorkina,
la que dormía en una esquina helada
rica de manta y de sombrilla.
Hoy veo al cotidiano vagabundo quietísimo,
constante bajo el puente,
también oculto en manta por la noche.

A todos nos hallará la muerte
en nuestro sitio.

BOTÁNICA

AQUÍ no hay ruda, nada de maticas.
Si acaso ciclamores empinados al rosa,
raptados por el sol en las aceras solas,
y encinas:
                situación de silencio vegetal
porque nada me dicen o,
en su lengua muerta para mí,

estos ariscos rangos
no sé qué de nosocomio afirman,
reiterados y prúsicos.
Pero ni una ramita de ruda, repito.
Tampoco aromos.

       Acaso a duras penas,
el romero, paramento fragante,
resiste en los jardines,
me asiste con su olor
a pan de Venecia, a tren rápido
pero rueda detenida
en la memoria para siempre,
como dicha que no es filosa arista.

Pero ni una matica de ruda.

LAURELES

NO iremos más al bosque,
cortaron los laureles,
cortaron los cipreses,
los álamos, los robles,
las civiles palmeras,
la atinada araucaria,
el pino, el eucalipto
después de escarmentarlos.

No iremos más al bosque,
en ningún lado, ¿adónde?,
si el desierto prospera
más que la mala hierba.

Cortaron los laureles
el aire, la esperanza,
cortaron lo posible:
cortaron lo cortable,

las nubes en lo alto,
los ríos a sus pies.
Nuestra muerte madura
con la muerte del pez.

SICILIA

SICILIA, la Trinacria,
desconocida fuente,
de tres cabos:
moriré
sin llevar hasta tu tierra
las memorias oscuras,
un oriol en ormesí pintado,
restos del alma de un familiar combate.
Cosas veladas,
            el caos atisbado
con palabras ajenas
y la colina,
            el oquedal,
la casa de azafrán silenciosa,
arras de la tía abuela Grazia,
cuando,
            bella como la piedra,
la atrapó el claustro
—lejos lloró el hermano—

porque, sola, el demonio acechaba.
Árabes y naranjas
        y canciones
               y ruina.
Llaves para lo que las subterráneas
aguas del alma saben:

el inimaginable
        destino
transgredido.

SANMINIATO

TODA contrastes,
como vida sin orden,
pero bella, elegante,
San Miniato en el Monte,
    casi
        en el aire,
           bate
sus emplumados mármoles
hacia el cielo estrellado
y acoge los seculares pasos
de imperfectos poetas.

Lo que la poesía guarda
de mezquino y perverso,
lo exterior que busca lo exterior,
vana gloria y aplauso
aunque los sepa inanes,
se exaltó aquí,

[245]

bajo el labrado techo,
entre columnas que se permiten
la variedad, bajo mosaicos
de dorados, flameantes rojos.
Decíamos, decíamos,
pero las losas nombran:
Elena Frosini, Enrico Petrai, Adolfo Targioni:
ellos pueden callar su historia,
porque son, en su silencio, eternos.
Como la órbita, que nuestro paso ignora,
donde gira en su misterio
blanco y negro,
el zodiaco.

Piedra, mármol, mosaico, rejas, cúpula:
perfecciones más firmes
que la corta, dependiente palabra.
Ésta vuela un instante y
como la niebla cae,
sin llegar a ser nube
ni alimentar los ríos.

No hay defecto en las cosas celestes
ni una mezquina envidia
que haga que los dioses se avergüencen
*de presentarse ante nosotros.**

Pero nosotros, imperfectos,
ante esta paz comparecemos,
                                        la turbamos.

* Gemistus Pletho.

JAPÓN

UN árbol es un árbol pero es
todos los árboles,
un eucalipto, aquel confuso
en lo confuso del jardín primero,
cuando aún no distinguía las diferentes
clases de sus prodigios,
y éste también que hoy arde
de flores incendiadas como el sol al ponerse.
Y también —no pretendo explicarlo—
es el signo más rojo del Japón que no he visto
y que lo desconoce.

LONDRES

A Luis Alberto

I

LA cabeza en la almohada,
veo un cielo ajeno, enajenada
en un maravilloso sueño breve
bajo el que brevemente me transformo.
Yo soy bajo otro cielo.
Éste lo miro
como desde una mirilla subrepticia.

¿Acepto almohada y sueño?
Quizá esté yo en la mira del Gran Ojo
—esa posible almendra intermitente o nada—,
que sabe que no estoy donde debiera

[247]

y usurpo un imprevisto edén.
Será lejano ayer el hoy perfecto.

II

Ser en el intolerable hoy
o recorrer pasados como brisa
—quizás como burbuja que estalla si la rozan—:
aquel jardín donde al amanecer andaba el zorro
y yo escondía los brillos,
cuando lo memorable hubiera sido
que me robara al vuelo
la blanquinegra urraca.

SALISBURY

A Mónica

BAJO Bach
            corre un campo de ocre,
arbustos púrpuras,
sobre Bach,
            cuervos en orden se acompasan
al arrullo del auto.
Apenas celebramos de los troncos
su aceptación del musgo
y ya el pensamiento
                  se pierde
en laberintos
            de setos y colinas,
escapa hacia altísimas nubes,

[248]

llevado por centellas sucesivas
hacia el imponderable futuro:
cuando este instante sea un bien imaginario,
y sólo nítido
apenas su presagio.

Presencias

A OCTAVIO PAZ

RESPETO es mirar atrás,
seguir
    en la traviesa del filón
    por más oro,
    por más sazón en lo secreto,
de hilo en ovillo
devanar lo no vano,
lo que ha venido siendo
                    forma labrada,
desde trazo,
            partícula inflamada
    o nieve no entendida.

Dichosa como pájaro sobre el césped cortado,
como nube que va hacia su tormenta,
como verdad que se encontró a sí misma,
            palabra
            es patria que vela por sus hijos
desde el génesis,
cada nombre del pájaro,
los nombres de la rosa.

Cruza de norte a sur, profética,
las fronteras de un cuerpo.
Vuelve las certidumbres
que ese cuerpo trasmina
        y las incertidumbres,
en ese pan verbal que a todos

[253]

nos ofrece.
    Buceo en lo que fluye
y en lo que aguarda quieto,
palabra Paz reluce.

1994

LEYENDO A JAIME SABINES

A Julio, con cariñoso recuerdo

ENTRE ciegos, él sabe
que nadie ofrece luz
como quien tiembla a oscuras.
Su desmesura, soberanamente,
el palio
      —como de selva
    o nube sobre volcán—
que alzan amados seres,
    los más íntimos,
    y palpables fantasmas,
con su alarma previene
—si no salva—
del dormir de marisma
donde se echa la dicha.

¿A qué patíbulos nos lleva
de las orejas,
con buen amor
y cajas destempladas?

A ÁLVARO MUTIS

ESCRIBIR y vivir,
entrar al movedizo laberinto
a derrotar al minotauro
que devora los sueños;

como Yvain, atreverse:
a la fuente y derramar sobre la piedra
el agua que despierta
el huracán y la aventura;

como Shaykh al-Akbar,
creer que es dicha lo conforme
a uno, pudiendo ser frescura el fuego
donde arde quien no logra el paraíso;

estar en paz en el lejano refectorio,
en el calor del cafetal
y en el jardín de Hidalgo
con música y amigos pero solo,

como solo en el libro está
la criatura que envías a morir.
Pero *los dioses han sido justos*
y todo está al fin en orden
mientras palabras llegan
a ofrecerte su clave
en el estero de melancolía
donde te salvan Carmen y la infanta.*

* Catalina Micaela.

[255]

A MARÍA INÉS SILVA VILA

A la puerta de ese mundo sin luego,
en pálidas, vigiladas escaleras,
estamos en vigilia, vagos, juiciosos,
sin suposiciones,
como si aún esperáramos algo,
no un milagro.

Te ibas
o te habías ido ya,
dejándonos sólo un trazo:
tu estatua deformada
que velan voluntariosamente
mis recuerdos de ti
en un jardín del tiempo detenidos.

Hermana mía en la vida,
mientras cumplíamos la órbita precisa,
tantas veces el mismo techo nos cubrió
y aceptamos igual oscuridad en el afelio
con cercana ironía.

A la orilla de un mar de infinitas palabras
sólo de tanto en tanto aducíamos una
para fraguar actos de amor ocultos.
Y dejamos que vientos domesticados
nos llevaran.

Como aquel que dispone de una tarde sin fin
para abrir la ventana:
no tiene prisa
quien va a la claridad yendo hacia atrás,
a primordiales sombras.

No es éste un juicio antidoral.
Tú sabes. Tienes,
casi secreta, poderes para cambiarlo todo:
el mundo ya no el mismo,
contiene nuestro duelo
          nuestra desesperanza.

Hoy
eres un escándalo
          aquí,
en la ciudad que acostumbra el silencio.

ABUELA

EN una luz verdosa, entre olores verdosos,
en un vestido negro como papel quemado,
la abuela se refleja desde la mecedora,
al fondo del espejo.
Allí sentada no se hamaca. Cruje.
Se le evaporan casamiento y casas,
ocasiones de cuita, los narrados,
secos jirones que de a poco dieron
gusto a sangre en la boca a la familia:
las guerras y los muertos pequeñitos,
y los que luego luto le vistieron.
Y también el amor, si acaso hubo,
la aridez de los años, la gota de molicie
que murió inútil en su piel reseca.
Todo tal la merienda sorbida tarde a tarde,
de inmediato olvidada.

[257]

Fue inmune a la viruela.
Ignoró la codicia.
No vio la conyugal Sicilia
ni muchas calles de Montevideo.
Durante décadas le bastó una amiga
y los recuerdos de un Rosario mínimo.
Sólo insistía en recordar el nombre
en italiano del durazno.
Como el sabor, se le olvidaba.
Sé que sobre sus faldas tibias,
tibia dormía otra Verdad secreta
que acunó su quietud.
La luz bajo cortinas de filé melancólico,
por años la enfrenté desde otra mecedora,
sin lograr alcanzarla.

ABUELO

NO le conocí.
Pero su viento oscuro
aún recorría los cuartos
como para aventar una brasa de amor
que alguien guardara.
Enardeció la casa con sus catorce hijos,
eligió para algunos
agrios nombres fantásticos:
Pericles, Rosolino, Publio Decio,
Débora, Clelia, Ida, Marc'Antonio,
Tito Manlio, Fabrizio, Miguel Ángel.
Cuando un hijo moría a poco de nacido,
el siguiente ocupaba su nombre

[258]

y así borraba el luto.

No le conocí.
Pero quizás, ya viejo,
hubiese sido blando conmigo.
No me hubiese servido.

La voz cantante

J'entrelace pensif et pensant, des mots
précieux, obscurs et colorés, et je cherche
avec soin cornment, en les limant, je puis
en gratter la rouille, afin de rendre clair
mon coeur obscur.

RAIMBAUT D'ORANGE

1— Se resolvió a rizar el rizo a la hora en que la playa se cubría de lacios apotegmas. No razonó lo justo. Estaba fuera de jurisdicción, se aclimataron jubilosos los israelitas, ya concedidos a no sembrar ni segar por siete semanas de años: sin cuenta, cincuenta. Habrá que.

2— ¡Qué jindama! ¡Apareció el jigüe! Son descendientes de cambujo y china, nueva milicia, jóvenes traslaticios casi invulnerables. Inválida, amén de indoeuropea, pero no interiormente zigomorfa, recibirá ithos y pathos en lluvia ácida, sin llegar a estar nunca mitridatizada. Y para ponerse a salvo responderá: *quizás*, involuntaria fórmula de cortesía del corazón.

3— Llegó —*sinn fein*— hebdomadario el rabdomante que dudaba entre el kirieleison y el kuomintang —*timeo Danaos et dona ferentes*— y sin saludar al huésped descubrió que ahora, miserandas, todas las serpientes dormían despavoridas bajo la hierba, aunque no escondieran mucho el color de su piel. ¿Y qué hacemos con las lenguas? Tendríase que consultar al mismo que viste descalzo. O a Nicandro de Colofón, acerca de cómo los hombres perdieron su juventud en provecho de las serpientes.

4— Batalla de los centauros y los lapitas, lección de cosas. ¡A explorar, Pietro Bembo, el Etna! A recuperar la ciencia perdida, el tiempo perdido en los ríos de Babilonia. Con el pie en el estribo, a renacer como si se tratase de la pájara vida. Ay, un Fénix que no sea fenicio y que, persa, no castigue por un solo pecado. Alma del Buey, lógrame el paraíso aunque maté al Fuego.

5— Orfila enfila hacia la cocina desde la cina-cina. Va a celebrar, reciente de resina. Oxilia, la axila cerúlea, la exime de hacinarse cerca de la cecina y accede a asignarle un sitio exento de óxido. Luego se exilia. Esto guarda ceñida relación con el usurpador Smerdis, un mago sin duda oracular que hacía grandes oblaciones abracadabras con miras al trono de Persia, de modo que el erudito Herodoto, de Coria, ¿quién lo diría?, ancilar, levantara una punta del tapiz y así pudiera incluir el episodio en sus investigadas, halicarnásicas historias. Disponiendo de un caballo, un vaisya y un ksatriya, nos agasaja con Jerjes y más Jerjes y al fin Artajerjes, que ya no hay paciencia.

6— Trampas del aire, aristas, X de esas esquinas en que lo desconocemos. Celebramos la O por lo redondo y creíamos que el aire lo era y no, se le ha ido todo el azul, toda la luz por los cantillos y ya no es una esfera para la feria, febril de felicidad. Es sólo, desarticulado, lo que queda entre paredes paralelas, habitáculos para nadie, mal paridos, prisiones para dejar fuera los pájaros.

7— El Yo y el acto del Yo se encontraron en la arena. No en el circo: en la playa. Jugaban al volante la clave de la vida, insatisfechos volaban, entre la realidad y el deseo. Con toda justicia también estaba el mar —la flor azul todo él. Mareado, amargo, esperaba la amistosa voz amplificada: «Señores, no se trata de lo exterior... Únicamente de nosotros mismos... Señores, pensad el mar... Habéis pensado... Y bien, pensad en el que ha hecho el mar».

8— Nada es gratuito. Ni el relámpago. Pagarás cada iluminación, hora tras hora librada a trabajos y días y no verás libro de horas, paisaje iluminado, miniado. Ciudad de damas no. Todo será Jean de Meung. Explotarán minas aterradas para Cristina de Pisán. *Quand le temps sera venu*. Sin que llegue la Doncella antes de la muerte.

9— El Aleluya agita sus alas a izquierda y derecha, arriba y abajo, como ángel travieso o golondrina joven y acepta ser Bach, ser Haendel, ser Vivaldi, ser Mozart, felizmente aferrado al sueño de una época. Se alzó gótico, barroco. ¿Se derrumbará, como tantas cosas, con lo sagrado, como el halo de aquel ángel en el fango de la calle?

10— Hartas las aciagas de cortar hilos resolvieron tejer: ser constructivas. Apenas ajenas hilachas tenían a su alrededor, muchas ni prolijamente cortadas siquiera, sino jirones desgarrados, inservibles porciones de estambres ya incoloros. Sólo del aire disponían, y no podemos decir que no sea de segunda mano. Pronto comenzaron a rezumar fantasmas grises, obras de bolillo, ganchillo, dos agujas, bordaban, *petit point*, sobre anteriores tramas. Ahora las vidas son informes, lipemaníacas, con mala terminación. Monótonas. Suberosas.

11— Entre *el pozo del silencio y el enjambre del ruido:* abemola, Abenamar, no la toques ya más que así es la taza y no abrumes que no hay segunda edición de la vida. Después, será el itinerario eterno. Entonces habrá llegado tu Turno. —No, es Dido quien así corre— se inmiscuyó, eneasilábico, Eneas, pasando por el foro, fuera de época pero siempre inmejorable.

12— ¿En qué podía emplearse un lábaro, puesto de por medio, como en epéntesis, sin que nadie sepa qué hacer con tal sobrante, en pleno siglo veinte? Casi que no había otro remedio que subirlo a un esquife, enviándosele un céfiro que pudiese orientarlo hacia un vergel que a la ribera de la playa estaba; verbigracia, se intentó con el en desuso lábaro una palingenesia. Pero —¡agüaita la laucha!— le expletó un Patricio mientras le veía pasar. Y tuvimos colisión y naufragio súbito sin efusión verbal.

13— La ralea del azor son las palomas. La shoshanah bíblica no es la rosa sino el lirio. ¿En qué playa amanece alguna vez un sol de justicia? Es muy difícil coaptar sin pérdida un texto fracturado. Ni que hablar de un pretexto. Mejor, irse a vivir por un tiempo dentro de una piedra, como propone Oliverio. ¿Qué, si se diera? Pero el tiempo es piedra sin fractura posible.

14— Se suceden insucesos. Entre él que oscila y tú, Caribdis, más valiera retirarse por la fosa. Reunido el sínodo, el concilio, se suceden unos a otros, sí, no, simples, dan consejos para llegar a ser suma. Y anda de arrebato en arrebato la sinrazón.

15— Ni un agave ni un adarme, ni un polipasto ni, mucho menos, un palimpsesto, la cabila casi habla por señas. Proclama que ha llegado la hora de nadie. Nada entre dos aguas, nada entre dos platos y mucha schadenfreude.

[267]

De *LÉXICO DE AFINIDADES*
[1994]

ABRACADABRA

PARA empezar, la magia:
abraxas, abrasax, abracadabra.
¿Pero acaso
ce beau mot pour guérir la fièvre
abscindirá todo fuego desolador,
los cráteres que no escupen su lava?

AGOSTO (Y LAS PERSEIDAS)

LO imaginado apenas,
lo radiante fugaz,
has de seguir, año tras año,
ciega que pretende
crearse en un espejo.

AJEDREZ

ARDE sobre el tablero la lucha absurda,
trasladan los peones
su endeble juego agónico
o recalan en un falaz descanso.
La torre tambalea, precipita

[271]

el destino, el desastre,
sucumben los caballos luego
de un volcado girar de alfiles.
Ya no hay rey.
      Sola la reina,
dueña de inútiles poderes,
prolonga la pesadilla vana,
crea y destruye ciegas diagonales,
pierde la muerte limpia.

ANAFÓRICA

PRESENTE que remite
por más sombra
que luz, hacia el pasado,
sepulcre solide oú gît tout ce qui nuit*
en cuyas infinitas cavernas
nos espera el recuerdo
de cómo,
      ilusos,
           soñamos el futuro.

BORGES

EN el bosque de Borges es oscuro
lo claro, lo negro guarda el blanco,

* Stéphane Mallarmé.

[272]

el blanco que es lo múltiple y el solo
color solar, hasta el aciago negro
que el alma infausta reconoce como
la ausencia en penas de la luz interna.

Miró la mezquindad pasar, la fuerza,
calmo de lealtades y paciencias.
Anduvo laberintos, pensó espejos,
zahíres, bibliotecas infinitas,
quieto en un centro de sabiduría
velocísimamente movedizo.

De otros caminos, de ninguna patria,
de dioses poderosos y olvidados
fue la memoria donde renaciesen.
Veneró comprendiendo y fue distinto
del eco y del troquel de lo ya dicho.
Nada en él muere, si recomenzamos.

CAMINO

I

TODA dirección vuela en el aire y muere en tierra. El camino es un
pájaro en jaula, aterrado.

II

Muchos caminos vienen,
fervorosos aunque casuales.

[273]

Pero cuando van
a traviesa de víctimas, se sufre
entre vaivenes de veredas aviesas,
trivios donde optar,
revelaciones de perfidias.
Cuando se ha privado la voz
que avisa los errores.
Entonces, como viático
se llega a uno mismo,
sitio en el viento voraz,
donde no has de quedarte.

CARIÓPSIDE

DE *la avena,*
sámara del olmo,
sámara del ailanto,
doble sámara del arce,
aquenio del alforfón,
folículo de espuela de caballero,
legumbre del guisante,
silicua del alhelí,
silicua de bolsa de pastor,
cápsula de adormidera,
balausta del granado,
fruto de la zarzamora,
hesperidio partido del naranjo,
baya de la belladona.

Palabras-frutos
de la jugosa vida de la lengua.

COSTUMBRE

I

COSTUMBRE, consunción de los días,
ruina de los prodigios
que roe espuma y pluma.
Queda
el esquema terrible,
la deshora, el desánimo,
un balanceo de jaula
y adentro
se parcela el vacío.

II

Siempre el hechizo es breve
o es costumbre, cetáceo muerto
que inyecta de estupor la más radiante playa
y pudre hasta el milagro distante.

DARÍO

EL unicornio de oro
la palabra
puñal al cinto
ruiseñor augusto
estirpe Clavileño
espada esfinge
útero eterno
visionario pánico.

[275]

Pero también:
fracaso de cristales
espina infierno
errático cadáver
espanto,
el cómo
el cuándo
melancolía.

Y aún:
límites de viento
toldo de penas
padre ambiguo
amarga máscara amarilla
mar popular.

ESCEPTICISMO

I

DIOS de la controversia,
concédeme el olvido
de las mentiras en las que pude creer,
otórgame el perdón
por las verdades que sostengo,
a las que quizás un giro de la tierra
vuelva falsas.

[276]

II

¿Se sabrá algo para siempre?
Nada se abraza como siempre,
alma abrasada desde siempre.
Si abras vacías habrás visto...

ESPACIO

ESPOSA es este espacio
que nos ata,
esposo cruel, inverso pozo.
No hay alas que lo crucen,
pero una libertad:
la del juicio que poco a poco
echa plumas desde el error ajeno,
desde el freno invisible
que nos traba,
como si el aire solo no bastara.

GATO

II

GATO señor
va por un altibajo de sueño
al almohadón de siempre y se reposa
en el centro del reino,

[277]

augur del orden de las cosas.
Sus ojos entornados
lo tienen todo a salvo
entre sus especulativas guardarrayas.
Se basta en su concéntrica tibieza.
Ignora, casi humano,
que sólo existe con respecto al Otro.

III

Todo pretil les presta auxilio,
sus mandamientos son la calma,
la discreción y el menosprecio
y aun la rutina de sus rutas,
la majestad de su sigilo.

Desde la altura donde reman
libres de humores inestables,
hacia la tierra miran siempre,
nunca hacia el cielo, como hombres,
hacia el distante sueño vano.

Los gatos múltiples y activos,
varios de pelo y de conducta,
vigilan graves mis trabajos,
la turbia trama de mis días:
¿Merezco un poco de esperanza?

IV

Gato de invierno y almohadón,
fosfórico el ojo vidente,

eléctrico el pelo arropado,

si soporta un nombre inconsulto
—Kiki, Micifuz, Berenice,
Rabinagrobiz, Nikomata—
como rehén puede dejarlo,
empinado dueño cursivo
de un relámpago de licencia

y subir la escalera láctea
hacia maullantes azoteas
donde ser, a su modo, gato.

GRILLO

EN la claridad de la noche
canta el grillo, no el hombre,
por cualquier jardín
donde se asoma el paraíso.
Ríspida sal sonora
y también jazmín dulce
que crece y crea el vaivén del horizonte;
es la estrella y su eco
silencio y clamoroso cántico,
secreta coincidencia
donde todos los límites concuerdan.

HAMLET (NOTICIAS PARA)

HOY madre tía y tío padre
mandan en nosotros,
el reino retrocede
a grado de provincia mercenaria.
Huele a milicia en todas las fronteras.

Los ácidos se filtran al oído
no de un triste rey solo,
de adolescentes reyes por millares,
de hombres que reyes fueran
sin esta envenenada rapsodia de mentiras.

Pero ya sabes, príncipe,
que cuando el viento sur sopla en la gente,
las telarañas vuelan
y por oscuro que esté todo en torno
se ven claras «las grullas, los halcones».

1967

HICACOS

POR enamoramiento del instante
cede la luz sus últimas defensas,
vuelan maderas, fustes salomónicos,
las alfajías, el vacío, vuelan.
Se plegaron las nubes a la noche,
al sumario de un sueño que se borra.
Un esplendor de verde Veronese,

[280]

claro rastro del mundo oscurecido,
es el fondo del cuadro en el que un día
a otra veré, a mí misma aún no llegada.

OFERTORIO

TAZA

con su pequeño cielo servido,
servida taza,
doble cielo,
paz voraz.

OJO

Humilde homenaje a Christian Morgenstern

ABIERTO estaba siempre el ojo
cumplidor de la cerradura,
aún comprobando con enojo
que no todo estaba a su altura.

De pronto alguien, a su antojo,
con una llave volvía oscura
la realidad y era un despojo
para el ojo y una amargura.

Ni visionario ni bisojo
ni dado a lágrima o censura,

[281]

¿quien puede armarle un trampantojo,
perturbar su mirada pura?

Nadie lo tilde ni de flojo
ni de estrecho de miras. Dura-
ría cómo, si firme el ojo
no estuviese, la cerradura?

REDON, ODILON

¿OJOS desorbitados,
ojos cerrados,
cíclopes, clámides,
sombras o arcadas misteriosas
y radiantes pegasos por lo celeste
y nubes?
　　　Asciende agua
de reinos que se pudren,
la lama fría cubre los sueños
de aquel que se atrevió.
Parca paciente
amamantante muerte
remite tenebrosos mensajes
desde azules morados,
corolas y corolas.

RELOJ

EL musicar congelado
a la hora de la una
con tolerancia vacuna
se va para el otro lado.

Solo, el espíritu alega,
cuando ya suenan las dos,
que el tiempo se te ha ido en pos
de una rutinaria brega.

La tarea en la cocina
—quien dice dos dice tres—
de modo insulso, otra vez,
lo que importa procrastina.

La impaciencia al fin aflora
entre las cuatro o las cinco.
El alma, que ha dado un brinco,
pudo olvidarse la hora.

Y eso prosigue, con suerte,
desde las seis a las doce.
Luego se te acaba el goce
de vivir y ensayas muerte.

RUIDO

FEROZ comienza el ruido que fulmina
tu castillo en palabras comenzado.

[283]

Deja de haber misterio descifrado
y buscada respuesta de adivina.

A la puerta quizás de la cocina
de algún ángel difícilmente hallado
estabas esperando, en el estado
de quien espera heridos de una mina.

Esperabas, sin voz, la gota o nota
que restañara el hilo de tu olvido
para acercarte a la versión remota.

Un auto aúlla, un mundo enloquecido
día tras día grita tu derrota.
Cállate ya. Feroz comenzó el ruido.

SAXÍFRAGA

LECCIÓN de la saxífraga:
                              florecer
entre piedras,
                    atreverse.

SERPIENTE

LA serpiente fulgura, libre de polvo;
elige un fruto,
no necesariamente una manzana:

una ciruela, un níspero pequeño.
Basta que ella sonría dadivosa
ofreciéndonos todos los jardines:

los cuatro ríos se detienen
y una campana empezará a nevar
sobre el mundo.

SÍLABA

PIRARAJÚ, piragua, Piranesi,
soberbios paladines pasajeros,
pájaros prismas apresados
en sílabas sibilas sediciosas
que suman sus enigmas.
Dragantes de un escudo que preserva
arcanos para ciegos.

SIRENA

En recuerdo de José Durand
y de su Ocaso de sirenas.

ENTRE Gómara, Oviedo y Anglería
va Durand de sirenas a manatos
con lírico-científicos boatos
y mitologizando zoologías.

[285]

Como todo va al fin, postrimerías
son de sirenas éstas, arrebatos
para que, unidos, últimos sensatos
salven sirenios por las aguas frías.

La ciencia acato, como estando en misa,
de quien rescata lo que ya prescribe.
Mas la caracoleante manatiza

mi confianza en el delfín no inhibe:
este *Ocaso* precioso solemniza
méritos magnos que su raza exhibe.

SUEÑO

I

EN el sueño había pájaros
pájaros encendidos para siempre
alegorías sin duda
y había un jardín radiante
aguaribay helechos casuarinas
contra la glacial certidumbre:

caminará por puentes,
nadará entre dos aguas,
sonriendo a piedras siempre ajenas,
entrará en el verano
como en prado de ortigas
sin más jardín que el de la noche.

[286]

II

Se le escapan las crines de las manos
desagua en la planicie se ve sola
disuelto como se borra la confianza
el torrencial caballo al fin de humo
que entre el viento la trajo
al borde mismo del derrumbadero
hasta este andén del ansia. Ya es el día.
En los sueños renacen los dilemas.

TORTUGA

> *... and lighted*
> *the little O, the earth.*
>
> W. SHAKESPEARE

LA velocísima tortuga ya puesta en órbita
se inclina —cómo dudarlo—
a desdeñar el lento mundo,
mota dormida en su rutina,
que allá en el suelo de la noche
gira en su calma,
como si fuese dable olvidar
que en las lagunas del alto cielo,
yo, la tortuga, reino sola.

UNICORNIO

TIENE el narval la gloria de su cuerno
—torneada forma, insólito tamaño—
y la inquietud de sospecharse extraño,
sin saberse del cielo o del infierno.

Marfil en el rincón, color invierno,
en el museo erige hermoso engaño,
fraguando su leyenda año tras año
mientras albea el unicornio eterno.

Va el narval por el agua verdadera,
sin que nadie se ocupe de su suerte.
Mientras, en aguas del soñar espera,

más firme, el unicornio milenario:
paladín de la luz contra la muerte,
invicto ante lo real, lo imaginario.

SUEÑOS DE LA CONSTANCIA
[1984]

Para Enrique

Parvo reino

Para Amparo y Claudio

PARVO REINO

I

                palacios vacíos,
ciudad adormilada.
¿Antes de qué cuchillo
llegará el trueno
—la inundación después—
que las despierte?

II

Vocablos,
vocaciones errantes,
estrellas que iluminan
antes de haber nacido
o escombros de prodigios ajenos.
Flota su polvo eterno,
¿Cómo ser su agua madre,
todavía una llaga
en que se detuviera,
pasar de yermo
                a escalio
con su abono celeste?

III

A veces las palabras
entran en un acorde,
las cascadas ascienden,
rota la ley de gravedad.
Luna muy poderosa,
la poesía acoge desoladas mareas
y las levanta donde puedan
arriesgarse hacia el cielo.

IV

Campo de la fractura,
halo sin centro:
                          palabras,
promesas, porción, premio.

Disuelto el pasado,
sin apoyo el presente,
desmenuzado
el futuro inconcebible.

V

Prosa de prisa
para
        servir como de broza,
prosa sin brasa,
de bruces sobre
                          la página,
ya no viento,

[294]

brisa apenas.
Temer su turbulencia
como el bote arriesgado
quien no nada.

ESTILO

PASA el vértigo de ajenas
corporaciones emplumadas
para fiestas o iras de la selva.
Pasa el dialecto.
En tanto, el hilván hondo
de la lengua lee

en jazmín diminuto o en arena,
deja el hervor tentante
e imagina las simples,
que relucen,
espumas de la última ola.

Y se encaja otra vez
en el cóndilo,
en lo exacto
        de la fatalidad.

JUSTICIA

DUERME el aldeano en un colchón de heno.
El pescador de esponjas descansa

[295]

sobre su mullidísima cosecha.
¿Dormirás tú, en lenta flotación,
sobre papel escrito?

DUDAS, SIEMPRE

¿CUMPLIMENTAR al dios de los principios,
de las solares astucias,
             en la sombra,
si todo signo se interrumpe?

¿O, sorda, perseguir un recuerdo
contra el famélico tiempo,
un engañoso paraje,
             la limosna verbal,
por alto premio?

ÉTIMO: ÚLTIMA TULE

ÉTIMO: última Tule
hacia orígenes mágicos:
barca + ocho + boca
es barco, es arca,
rara
       escala
china
en ruta
       a Ararat.

COMPOSICIÓN CON SÍMBOLOS

UNA canasta llena de nieve
con tres manzanas coloradas,
una nube con sus crestas al viento,
un hombre azul que baja.
por la escalera real de un pino,
un árbol que ofrece espejos
en vez de frutas agrias,
una avenida de álamos
que se transforman en espadas,
dos copas con dos soles adentro
y un pulpo de carbón que las voltea,
la muerte entre espejos
sin fin, aliterada.
Ojos mudos lo ven.
Labios ciegos intentan precisar
tanta deriva.

RESIDUA

CORTA la vida o larga, todo
lo que vivimos se reduce
a un gris residuo en la memoria.

De los antiguos viajes quedan
las enigmáticas monedas
que pretenden valores falsos.

De la memoria sólo sube
un vago polvo y un perfume.
¿Acaso sea la poesía?

[297]

Términos

CAOS

CAOS
luciferino y libre,
reino del yo,
quema alacenas,
        de húmedas glorias,
fuego gloriosamente fatuo.

RELÁMPAGO

ENTRE las islas
ya de por sí tan solas
filtra un filo asesino
la aleta del escualo.

No llega a persuasión
todo el azul del cielo
ni alcanza a temporada
el instante sin caos.

Ah, toda soledad,
si de otro modo
diera fruto,
        al menos.

DE ESCORPIONES

ESPERÓ el escorpión
oscuro y quieto,
inesperado y quieto,
¿dónde?

No estaba hace un instante.
Junto al talón expuesto
se enarca ahora,
enigma para siempre.

Debería temerle,
surgido hermano cruel
cuyo signo soporto.

Después miré curiosa,
fríamente su cadáver.

HUMO

NO llega el humo a nube,
no se anula en el agua,
nos enmantela a todos,
nos pone su sigilo venenoso.
Aquí reina, pervierte;
potestad invisible presa
en sí misma, planta
su hora cineraria,
mortaja oscura que encarnece el aire.

[302]

Hijo mío,
te llevo en mis entrañas;
padre mío,
te como;
esposo mío, tú azogas
el espejo en que espero.

MARIPOSAS

ALTAS,
en el poco cielo de la calle,
juegan dos mariposas amarillas,
crean sobre el seriado semáforo
un imprevisto espacio,
luz libre hacia lo alto,
luz que nadie ha mirado,
a nada obliga.
Proponen la distracción terrestre,
llaman hacia un paraje
—¿paralogismo o paraíso?— donde
sin duda volveríamos
a merecer un cielo,
mariposas.

HACER AZUL

AZUL verdoso era el color
que gustaba al poeta.

[303]

Aun la miseria triste,
el inocente abrigo de maderas,
si así pintado,
era fiesta
en una esquina del tiempo.
Azul verde del mar,
glauco azul frío
donde cuaja la roca,
aire de la esperanza
y opuesto pensamiento de la vida
fugaz, en suspenso
por un minuto eterno
en que giran alevines minúsculos,
cangrejos pequeñitos
junto a un guijarro
que allá abajo
es ágata.
Entre un azul y otro
la vida entera pasa.
Entre un azul y otro
ráfagas encontradas,
destinos no tangentes,
arde lo momentáneo.

PRADO PARA ORFEO

ALA toca la música la piel.
Entonces somos campos de la verdad,
ceremonia que sube
en un coral hermoso.

¿Demonio delirio es
o ángel obseso que cruza
con su espada de luz nuestros oídos
y nos lleva de vuelta, de vuelta
al paraíso,
al Éufrates eufónico?

Trompetas segurísimas bajan desde Tubal
y clavecines hubo
y el violín demorado
regresa a un amor de la infancia,
real de nuevo como el féretro blanco
y la campana.

Todas las lluvias, todas
las que cayeron en aquellas
esquinas, trasmanos y destiempos
no nos han empapado
como este Nilo,
esta frontera musical
que el alma
sólo ganando pasa.

PERRUNA

RESUELTO, inaplazable,
nada más generoso
que perro ajeno
—perro
que alegremente ladra
y te celebra y besa y mira

[305]

para guardar tu pronto
nulificada imagen—,

con amor sin angustia
ni censura ni hastío,
apenas gratitud,
pata sobre tu mano,
confianza en cielo de otros
—líbranos de soledad.

NIEVE

MÍNIMOS puntos —aguanieve,
cristales— blancos bajan.
Este harapiento mundo
pone por un momento
suave decoro de algodones
en su fábula fea.

Deslumbra una escama de liquen
verdegris en lo blanco.
Deslumbra una rama sin hojas,
una hoja sin rama.
Hacer bello lo otro
es gloria de la nieve.

La alegría del perro sabe
juegos que el hombre olvida
y natural usa la fiesta
nueva que se le da.
Callan altos los pájaros
como el hombre suspensos.

[306]

MEMORIA DE UN JARDÍN

(de A. B.)

ALGUIEN cuidó un jardín,
creó un paisaje,
partitura de música
para ver con los ojos,
guareció a los manzanos con cipreses,
dispuso que un rosal,
árbol arriba,
se asome a lo más alto,
mientras el viento
algún piar tranquilo mueve
entre las hojas
y la laguna desolada.

Alguien cuidó un jardín,
lo serenísimo,
cuyo recuerdo, en el profundo tiempo,
me cobija
como a manzano los cipreses.

INCENDIO

ENTONCES estrellas de fuego,
la gente inmediata,
la nube que, pálida, irrumpe en lo oscuro
del cielo y oculta las otras estrellas,
los ángeles pardos,
danzantes de yelmo lustroso
contra ocasos que han vuelto de pronto.

[307]

Lo destruido crepita dorado,
un demonio el oxígeno,
todo es zarza furiosa
y en ella arroja el hombre
su codicia de riesgos,
su variable violencia y su velo de miedo.
Como en altar adora,
se purifica, danza,
alejando el peligro.
Éste, poco frecuente.
Porque el otro, la muerte
—ay Filomela, Flebas—
con ruindad ríe del conjuro torpe,
del ardid que inventamos.

¿Pero quién, en usual ocasión,
verá sucesivos incendios en una misma calle?

CANCIÓN

PASA mi paz, paloma
desplumada,
me mira desde fuera
de la ventana.

Refugiarse en mi pecho,
donde la vele,
no sabe que no hay techo
sino intemperie.

Ay de mí si pretendo,

paloma, paz.
¿Quién, yo en guerra,
tú en frío,
nos valerá?

MONTEVIDEO - NOTA BENE

SIEMPRE hubo quien
y siempre faltó cuando
mientras enseres, aleluyas, aulas
olvidan la lección,
el latigazo de las postrimerías;
Se postulan precarias precauciones
para la nula lite.

¿Qué porvenir, posdata enrarecida,
rastra rasgueada, miera rapsodia?
Mejor será que el coro,
el decir retazado,
el mudo grito contra la gangrena,
principiar donde otros concluyen,
concluir donde otros principian.

¿Quién tiende mesas para la gracia
de inútiles migajas?
Hay sueños corredizos para pocos.
Usa la espada de cortar
lazos, proposiciones.
Principia donde otros concluyen,
concluye donde otros principian.

[309]

CEMENTERIOS

I

PÁJAROS en cipreses, gota a gota,
rosas de espaldas al dolor:
la muerte sobre nuestras cabezas
desovó torva.

Imaginar el fuego,
entrar en el absurdo,
decir en torno a lo no dicho:
constancias del taller de la vida.

Lejos el padre a tientas
y lejos los hermanos incompletos,
la madre destazada.
El sol teje cortinas
y el suave viento sabio
las mueve y nos aleja,

                    salvos,
del fuego de aquel muerto.

II

ENTIERRO DE EFRAÍN

TODA gloria
                la tierra precipita
silencio

[310]

sol
azul
y nubes.
En un aire sin fraude
pájaros cantan
cavatina brevísima.
Y la Mujer tendida
absorta vela.

Tú sigues
el misterioso viaje.
No hay más Juárez-Loreto,
seducciones.

Llegarás
ya sin prisa
a la estación que fuiste preparando.
Arriba
quietos
quién sabe adónde vamos.

EN MEMORIA DE CARLOS REAL DE AZÚA

EN aquel tiempo Montevideo
a la ventana de los domingos,
tu generosa alegría, tu amiga,
apremiante llamada.

En cualquier tarde te esperábamos,
tarde oscura o tarde dorada,
pero una tarde que fueron muchas

[311]

que a su lendel vuelven imantadas.

Cruzaban ideas como flechas
por tu cielo siempre incendiado;
es natural que, tanta red tendida,
tropezaras con lentas palabras.

Guardián de una Historia noble
negada que descifrabas,
la deuda que entre todos tenemos
te sea en espíritu pagada.

Que nuestro recuerdo te merezca
y nuestra tierra desmemoriada.
Quién nos diera recuperarte
en imposible apocatástasis.

Trama de la persuasión

OSCURO

COMO este pájaro
que espera para cantar
a que la luz concluya,
escribo entre lo oscuro,
cuando nada hay que brille
y llame de la tierra.
Inauguro en lo oscuro,
observo, escarbo en mí
que soy lo oscuro
     hacia
lo más oscuro,
por el fondo del pozo
      del tiempo
del ser casi no ser,
tras la semilla, gema,
origen, nacimiento
      de mí,
de madre, abuelas,
inalcanzable océano
      de tiempo
y perdidas criaturas tragadas.

Mágico Patinir
      y perverso
gruta fuera del mundo.
Cree avanzar
el que rema en su fondo.

PREGUNTA POR LA COSA

¿DÓNDE,
en qué punto de la corriente
flotan aquellos dones?
Como huevos de pájaro en el dejado nido
se pudren solos, frágiles,
espantosos.

¿O están aquí, contándome
su fantasmal historia,
sacudiéndome la lepra del pasado,
resucitando,
a mí resucitándome?

DE TIGRE EL SALTO

DE tigre el salto,
de tigre, el emboscado escondrijo.
La Vida velocísima
                    deja
tras el zarpazo,
el desgarrón por donde gotea
la constancia.

Luego vienen los argumentos del olvido;
mansos
lamemos la nueva cicatriz
cuando nos duele, oscura,
y olvidados del bosque,

[316]

otra vez lo cruzamos
por lo mínimo diario.

JAULA DE DOLORES

ESCARBAR
en la feroz planicie
excavar
materiales para
la jaula de dolores
guardar hojas que sepan llorar
cada color perdido

recelar
si a tu espalda levantan
un paraíso sin embargo vacío.

Dos se reflejan al espejo.
Quién recuerda
si a solas.

FRACCIÓN PROPIA

SIEMPRE somos dos, tres,
siempre menos que uno.

La fracción más preciosa
lejanamente atrás quedó,

[317]

                       frangible,
en un viraje.

A través de empañados vidrios
la vemos,
río de emblemas
que excava en la memoria.

ACLIMATACIÓN

PRIMERO te retraes,
                 te agostas,
pierdes alma en lo seco,
en lo que no comprendes,
intentas llegar al agua de la vida,
alumbrar una membrana mínima,
una hoja pequeña.
             No soñar flores.
El aire te sofoca.
            Sientes la arena
reinar en la mañana,
morir lo verde,
subir árido oro.

Pero, y aun sin ella saberlo,
desde algún borde
una voz compadece, te moja
breve, dichosamente,
como cuando rozas
             una rama de pino baja
ya concluida la lluvia.

Entonces,
        contra lo sordo
te levantas en música,
contra lo árido, manas.

DESTINO

TE habrán ofrecido la mano,
condonado la deuda,
servido,
como si fuese posible elegir ya,
parálisis o sueños.
A esta hora los dioses carnívoros
habrán abandonado el bosque;
tramposos, te han abierto paso
para que bajes hacia el círculo,
para que te equivoques
y digas: *para qué*
para que viendo, ciegues,
y con todas las músicas a tu alcance
llenes de cera torpe,
triste, tus oídos.

AL BLANCO LA SAETA

MORIR los ríos deja,
la saeta sin blanco.

[319]

(Salta la ciudad
como gata asustada,
hacia la noche cae.)

Deja libre la sombra
que rueda ebria umbría
por uno de sus lados,
deja morir los ríos,
la saeta sin blanco.

(Negro se guarda el cielo,
entierra la posible semilla.)

Y también repentina
la esperanza da un salto,
una ráfaga adónde.

Quizás, después de todo,
va al blanco la saeta.

DESCANSO

ESTAS alas de ser
pluma tras pluma pierden
el malicioso vuelo,
practican cada vez en menos aire,
más se detienen
en inquieta quietud.
Trozo tras trozo
el viento se ha llevado

tanto fragmento de piel
     a polvo,
de luz a sombra,
de adivinanza a olvido,
que es falsa ya
la abierta envergadura,
el simulacro de águila
que en un día de lobos constantes
intentaste.
Mirándolas plegadas
echas a andar despacio.

ALACENA DEL TIZNE

COMER
  a solas
con el desnudo árbol
     solo,
despacio,
un bocado de muerte,
otro bocado
—él sin pájaros.

Vivir
  es irnos comiendo
las horas que tuvimos,
las músicas que fueron,
la vida formidable,
la apresurada vida
luego de reducirla a fracción cejijunta,
a desbandada historia

que mira su futuro
y no lo aprende.

TEDIO DEL TIEMPO

NO más éxtasis en el laberinto.
Piedra se es bajo la piedra,
piedra, dormida piedra.

Bajo el agua, agua,
un mar entre peces,
voz, voluntad
apenas de agua.
Aire en el aire,
en la tormenta o el bochorno.

Y polvo,
final de la aventura
        mutante pitagórica,
al fondo del pozo feroz
        de la medianoche.

DESPERTAR

TENUES trazos,
píos de pájaros
se acomodan al alba,
premeditan.

[322]

Cenizas, fuegos, flores;
la esperanza
sube en la luz,
el ojo no la impide.

El hilo de la vida
¿hilo será de Ariadna,
o hilo de araña,
fibra tendinosa?

HISTORIA

SUBÍAMOS corriendo la larga escalera.
Apenas si mirábamos posibles
detalles laterales,
sorpresas de una ventana
abierta al mundo tras los vidrios,
reflejos, sedimentos
del que subiera antes.
Velozmente cruzamos
la inútil pausa del rellano,
abandonadas rosas menos que naturales,
los ramalazos del siempre
ciego cielo
a su modo indeleble.
Subíamos, subíamos
por lo idéntico
sólo que hacia cada vez menos luz,
hacia pozo más hondo.

[323]

ELVIRA MADIGAN

NO,
no podemos oír el ruego
de la brisa,
seguir el llamado del pájaro
desde la rama endeble.
No estamos solos.
Ni esperar y abrazar la ola
inexorable.
No sabemos nadar.
La gravedad y el miedo
han ordenado todo lo que no hacer.

Avanzó, equilibrista,
abierta la sombrilla
por el aire del bosque,
sobre la cuerda tensa.
Después cayó,
cayó,
abrazada al amor,
ensangrentado el sueño.

ONETTIANA

Una ola gigantesca, hecha con pedazos de blan-
cura distinta...

I

FÁRRAGO guerra
ráfaga tránsfuga suerte

toda la vida una única
árida playa vacía
en la que no rompe
la buscada
la mágica ola.

II

Celebro el resplandor
y el viento.
Mido el milagro.
¿Cuánto es justo pedir?
Mido
        el fragor del milagro.
¿Cuánto este mundo nos debe?
Mido milagros
y admito que toda la vida
es su deuda.

Acto de conciliación

CUERNOS DE CAZA LOS RECUERDOS

CUERNOS de caza los recuerdos*
¿qué cazan, cielos, los recuerdos?
Cielos y solitarios sueños cazan,
lo irrepetible, mar, amantes.
Llegan y abren las ventanas
que dan y niegan los despojos,
en sombras íntimas insisten
contra el tiempo que trae derrumbes,
caídas-crepúsculos de breves dioses.
Cuando la caza al fin concluye
y aun las estrellas están muertas,
lejos se extinguen los recuerdos.

LA SUSTANCIA POR LA SOMBRA

LA sustancia por la sombra**
ganada, la luz por la sombra.
El coro abandonaste por murmullos,
el encanto del mirlo por un mañana mudo.
La vida vivible muere, como ese libro
que no leerás, las palabras
que quisieras oír, en lo insonoro,

* Guillaume Apollinaire.
** André Breton.

[329]

el paisaje en desiertos subterráneos.
Guardaste la esperanza —tu empleo del tiempo—
como se guarda el cuerpo en un cuarto,
los años que te quedan.

«NO LLORES VANAMENTE TU FORTUNA»

NO *llores vanamente tu fortuna**
las escaleras turbias
suben a la esperanza del amor,
descienden a raudales de soledad,
miseria, a esa sombra
en la que, viejo, te gustará sentarte,
graduándola:
     entreabrir un postigo,
apagar o encender una vela,
       otra vela,
para alumbrar la seda de una frente
—el cigarrillo consumido a medias—,
epílogos, epílogos.
No entiendes
esas grandes cosas inmóviles, egipcias,
prefieres vivir sobre un burdel,
cerca, la iglesia, el hospital.
También tu voz bajó por escaleras,
llegó a la sombra, al cáncer,
durante el largo viaje tuyo a Ítaca,
a nosotros, al milagro sencillo:
        eres

* Constantin Cavafis.

el derrotado, el triste, el solo
—no importa de qué tribu—
que trueca el duelo en canto.

UNA ETERNIDAD Y DESPUÉS

UNA eternidad, y después
*uno despierta en otra época**
y esa época es un mapa
de aridez, de piedras y tajos,
una eternidad hacia atrás,
una eternidad hacia luego
o, según se llore, un instante
lo indivisamente vivido
como un instante lo que falta
hasta el pulso de lo insonoro.
Quizás estuvo bien engañarse
en un sigilo de alegría
y en el tiempo del desencanto
andar a solas la tiniebla.
Tendrá que inventar la memoria
quien pasó siempre sobre ascuas,
quien quiso borrar cada paso
de pasajero pie fantasma.
La dormida máscara cae
y chilla Narciso a la orilla,
qué feo su rostro movido
por las estrías del desorden.
El sueño se astilla erudito

* Gunnar Ekelof.

por cicatrices enmendadas
y la fábula se pervierte,
a signo cae de suplicio.

NEGAR LAS ÁGUILAS

NIEGA *las águilas y sus defectos**
¿Existen las águilas y sus defectos?
¿No existen las águilas, no existen, claro, sus defectos?
¿Existen águilas sin defectos?
Existen defectos sin águilas.
¿Se jactará siempre la palabra de decir cosas
que el silencio, simplemente, entiende?

«DEJÁBAMOS UN ÁNGEL»

DEJÁBAMOS *un ángel feliz de nuestra memoria rondando*
por la fecunda cascada...**
para que la pasión con que aferramos
piedra, hoja, aun la espuma en lo hondo,
haga brotar cuando no estemos
una materia fervorosa, un hálito
estallante que no muera en la muerte,
un imán para nuestros fragmentos fantasmales
que huyen, huyen, huyen

* César Moro.
** Álvaro Mutis.

sin que los fijen
los cuatro cabos de la fronda.

EN LA INFINITA SOMBRA CONSTELADA

EN la infinita sombra constelada*
discurríamos en servidumbre.
Éramos sus felices esclavos,
sus mendigos encandilados
con las delicias que no tocan.
Ahora moramos en lo oscuro
pero ese mapa diamantino
de noches claras vías lácteas
por la mano de la memoria
día tras día traicionada
a un anafórico verano
para que hondee me regresa.

NO DICEN, HABLAN, HABLAN

NO dicen, hablan, hablan**
«Quienes hablan no saben,
quienes saben no hablan.»

Heraclitano fluir insiste:

* Giovanni Pascoli.
** Octavio Paz.

[333]

«no saben, los incrédulos,
ni escuchar, ni decir».

La perfección acaso rige
la distancia que aleja
lo real palabra de lo real objeto.

Muere el mundo de olvido.
Puede en cambio repetir ferino
el plenilunio del error ajeno.

¿Poema o sólo cánope?
¿Verdad esplendorosa o recipiente
de vísceras ajenas?

Como sobre remordimientos,
        por la inquietud, de constante olvidada:
¿es destino o es incauta deriva?

Un grave frío cruza el sentir
que se ha creído mágico:
su brasa no trasmite, inútil.

Y entonces el techo no existe,
nos devuelve la noche de siglos,
el hueco terrible primero: el silencio.

LA SOMBRA DEL PLÁTANO

A *perpetuidad la sombra del plátano**
el ruido fresco de sus hojas,
su óxido ensimismado sobre
el oro casual en una eterna acera,
hierofanía
          su despellejada corteza.

No necesito ver, hormigas rituales
en el palacio de su sombra
para andar en aquel tiempo éste,
para volverme contra el cielo voraz
que no lo incluye
                    y recordarlo
en un inmenso crepúsculo
cumplido en el azul más puro:
esmeralda providencial
abierta hacia
las golondrinas todas de un verano.

ATAJO

ANDANDO
          hacia
el repaso del responso
—justo, injusto—
feroz;

* Francis Ponge.

hacia la grave gruta del gruñido
en que quimeras vuelan,
que no corren,
clarividentes, siempre;

andando
          hacia
la muerte inmune,
hechizo despropósito imperioso,
hacia
la rambla, el malecón, la costanera,
desotra parte en la ribera,*
que ha de bordear el Hades —paraíso.

DÍAS DE SÍSIFO

DEL *siempre amanecer por las mañanas***
para ir anocheciendo todo el día.

OH BARCAS. TODO ES EJERCICIO DE BELLEZA

OH barcas. *Todo es ejercicio de belleza****
y todo es mar, y el mar recala en todo,
terso, templado.

  * Francisco de Quevedo.
 ** Fernando Villalón.
*** Ramón Xirau.

[336]

Abra, cala, rueda de ramblas,
cuarzo donde el azul es más intenso
y el oro cae en polvo
y el leve viento no lo mueve.
Blancas barcas se hamacan,
flotan leves.
¿Baila su fiesta sobre el pastizal?
La madre mar quisiera parirnos y acunarnos.
El padre mar aletea como un gallo sagrado,
levanta espumas, mitologías, letras.
Golpea rocas, declina ante lo verde
que se atreve ante él, y refluye
y deja un signo más, un escrúpulo último,
un instante de arena.
Mar que nunca es un fin
sino un medio perpetuo
donde blancas barcas se hamacan,
flotan leves, letíficas
y todo es ejercicio de belleza.

UN FRAGOR Y LA MUERTE

ALREDEDOR *de la palabra se ha reunido la nieve**
y todo heladamente nada canta
y el oscuro silencio es
un fragor y la muerte
inerte tela la palabra lívida
mortaja la blanca palabra cadáveres.

Septiembre 19 de 1985

* Paul Celan.

[337]

JARDÍN DE SÍLICE
[1980]

a mí a mí la plena íntegra bella a mí hórrida vida

OLIVERIO GIRONDO

Calco por transparencia

CALCO POR TRANSPARENCIA

LA tarde nítida,
llena de tientos firmes
—trompeta, telegrama, jirones de Girondo—
reserva entre sus drupas la tristeza.
El otoño presagia traslados;
traslada los presagios,
gasta sus espléndidos velos
en rituales oscuros.
Todo ortigas,
se obstinan cenizas jeroglíficas.
Sólo el amor detiene
las paredes veloces,
                    suspende
el derrumbe.
Por transparencia
                    se ve el fuego
devorar
            las más altas cortezas
en los jardines escalados.
Sobrevive un gorjeo,
                    brújula tersa.

VENTURAS NATURALES

CONTRA las presunciones, sol insiste,
fuera, no dentro,
incandescente informe no rector.

[343]

Otros días su luz es una endecha,
una plática suave.
        Casi como si fuésemos
musgos o hierbas de semilla o árboles frutales
el día segundo de la creación.
Como si fuese simulacro el fin del paraíso.

EL CUADRADO DE LA DISTANCIA

NO importa que estés
en el escenario del verano
en el centro de sus desafíos.
Distante de sus fuegos
vas caminando a solas,
entre estatuas nevadas
por las piedras del puente
de Carlos, infinito.
Te miras caminar,
te ves mirando cómo el hielo cuaja
en islas efímeras,
corre río abajo,
se unce en un punto
lejos de aquí
          —¿qué aquí?—
entre nuevas orillas.

El relámpago es indecible.
Regresa entonces en sentido contrario,
recupera usos y costumbres,
        el mar,

la arena muerta,
esta claridad,
mientras puedas.
Pero guarda en la sangre
como un pez,
el dulce fragor de lo distante.

VERANO

TODO es azul,
lo que no es verde
y arde,
I.N.R.I.
—*igne natura renovatur integra*—
en este aceite grave del verano;
cae el que pesa el vuelo de los pájaros
y blasfema del pájaro sin vuelo,
cae la excrecencia verbal =
la agorería = el trofeo,
la joya sobre la vieja piel de siempre.

Quien se sienta a la orilla de las cosas
resplandece de cosas sin orillas.

ARQUEOLOGÍAS

CIEGA como culebra ciega,
nostalgia por el tiempo

[345]

del indefenso ser que fuimos.
Cuando nadie tensó lo frágil,
podó lo inútil,
guardó caricias para cuando no haya.
Alrededores fríos,
claraboya de cruda luz cruel
y abajo gestos de los solos
entre las aspidistras funerarias.
Afuera, nubes y nubes
se incendiaban espléndidas,
                                    impías,
en otra historia.
¿Logré guardar un punto de ese sol
contra el deshielo de la nada,
contra todo?

CONTRA EL TIEMPO

ALLÍ, en lo indeciso que llevaba
al cuarto póstumo de la difunta
colocaron la nieve del muguet.
Esperé silenciosa
para ver si se daba a cantar significados,
un laúd que en lo desnudo de la infancia
iba a decir cuentos sin precauciones,
ofrecer la trepidación de un presagio.
Pero era gota del silencio,
para que nos calláramos,
                                    simple,
suntuosamente.
Su música,

constelación del blanco,
diamante,
campana de plata plácida,
aún toca a transparencias,
arriba, contra el tiempo,
entre las luces.

EL LÍQUIDO DEL PASADO

LA cisterna absoluta.
Alguna estrella.
Un aceite insondable.
Por el hueco del signo recorro
breves lenguas de luz,
una infinita noche.
Arde un pozo magnético.
¿Dónde para este pozo
carbonizado a negro?
¿Hay un aval al fondo,
una sentencia
en el momento de llegar?
¿Adónde?
¿Junto a un resplandeciente alimento final
o a un nuevo ovario?
Pregunta o prez siempre presente.
¿Volveré a ser lo que no era?
De no ser a no ser
un hilo
—seda o acero sólo el fin lo sabe—
anuda pasos desvanecidos.
Cada laceración,

cada trofeo
queda como el helecho
en el corazón de la piedra,
               invisible,
hasta el golpe que la parte y desnuda.

DEL NO SABER

MUERTE parecida a la vida parecida
a un jirón
que viento y lluvia
             llevan.
Muerte-vida: ¿laberinto
en el fondo de un pozo
o estrellas lácteas?

Trampean las hermanas.
¿Es trompeta o carcoma?

RESPUESTA DEL DERVICHE

QUIZÁS
la sabiduría consista
en alejarse si algo vibra
a nuestro movimiento
(porque la horrible araña
cae sobre la víctima)
para ver,

[348]

refleja como una estrella,
la realidad distante.

De ese modo
la situación florece a nuestros ojos
—pierde
      uno a uno
              sus pétalos—
como una especie vista
por primera vez.
Y juzgaremos triste,
            vano zurcido
que nada repara,
el dibujo trivial de nuestro gesto,
improbable amuleto
contra la emigración de las certezas.

Iconos

PERSPECTIVA

EN primer plano pliegues,
joyas, rostros,
flordelisados jinetes
usurpan con noticias humanas
el velo de la nube en el cielo,
el lejano ciprés, las colinas,
los ríos como cintas al final de la fiesta.

Hacia la perspectiva,
la superficie se vuelve transparente,
diseño esmaltado que deleita el ojo,
tabla de tentaciones
por donde la mirada corre a más,
a la invisible fuente
de lo visto.

Un hombre busca puertas hacia
eludir la contingencia
que de este lado de la tela acecha,
empeñado en ganarse un lugar
que no preferirá el onagro
ni habitarán terrores;
llama detrás de ese infinito,
                    intenta,
deslizando esperanzadas lentes,
descubrir y acercar
lo que se esconde,

[353]

lo que debiera estar sosteniendo el milagro.
Y sólo encuentra
el límite otra vez
y la pregunta.

EN QUEVEDO

UN día
        se sube del polo al ecuador
                          se baja
        de los plumones de paraíso,
        a la artesa de sangre donde cae
        la cuenta más certera

por quedarse excavando en Quevedo
        querube de odios nítidos
        luciferinos bríos
cómodo en las cuatro postrimerías del hombre
        muerte   juicio   infierno   gloria.

BRAUNERIANA

> *Das also war des Pudels Kern!*
>
> GOETHE

YA te quieras acuática,
te compruebes terrestre,
siempre estará el tapiz de lo viscoso

[354]

afelpando alaridos,
provocando derrumbes al invadir
los círculos
donde la magia se obra.
Estás donde se empolla la estocada,
verdes brumas donde podría también
                                                    hallarse
amuleto,
                divisa,
                                anillo o cabalística.
Salta, salta
que viene el perro mesa,
                                el desorden,
el monstruo monocular,
                                cíclope mínimo.
Tú con nacer tienes derecho al miedo.

HOMENAJE A MAGRITTE

DESDE el cielo un jinete
galopa hacia los bosques,
una amazona
                cruza florestas
que la cruzan.
La llave de los sueños
es la llave de los campos es
el recuerdo de todo viaje es
los territorios metafísicos.

Desde el pecíolo de una hoja salen
seriadas estratagemas para sortear espantos,

[355]

símiles fieles,
aproximaciones del candor
y del mojado,
    laborioso miedo,

como un león que vuela entre laureles y trompetas,
    un peñasco levanta en vuelo su castillo,
    una manzana invade el cuarto de lectura;
lo que en nuestra memoria tantaliza
cubre los cielos de tormenta,
derrumba barricadas misteriosas
con una luz toda discernimiento.
Los ojos fértiles
crean procesionales días,
atardeceres que filtran
en el mundo visible
               pabellones
de espacio desfasado.

Nubes Magritte serán veloces para siempre.

LUZ DE LA SOMBRA

MICHAEL Drayton, poeta inglés,
para cantar pedía
cosas bravas, traslunares
y una fina locura en el cerebro.
¿Nacencia en el naufragio,
apotegmas violentos de la fiebre
para irrumpir
        —a toda luz o toda sombra—

en el azogue de la profecía?

Una hechizada aguja enhebra
lucidez y delirio
en el jardín de Nicaragua
donde Alfonso Cortés,
encadenado y libre,
pasaba un plumero celeste
por los rincones del poblado cielo
a cuya sombra pastan
persuasivos, los cuerdos,
a cuya preguntada luz
en el descanso de la superficie
sube, desde un ramo de ruina
el prodigioso loco,
su palabra cortando la ceniza,
mientras mayan los ruidos de la tierra.

TRAMOS

A cada paso,
lenta como marea,
la inconstante escalera
derrumba sus peldaños,
lo que ascendía,
          desciende
y así vamos,
maniquíes de Escher,

            arriba
    fondo

[357]

RUEDA NOCTURNA

AQUÍ
—desierto, laberinto—
enfrentada a papeles que cambian
en el instante en que los miras,
entre libros que limitan a cada hoja
con la muerte,
oyes el coro de gritos de socorro,
repetida tu lucha
letra a letra
contra la eterna víbora.
Secreta hermana,
arroja cuerdas esperanzadas,
fieles escalas
con sus nudos precisos,
planta y vigila el haba que
desde vertiginosa semilla
alcanza el cielo
¿Sirve?
Después
siempre está el sueño,
selva
para esconderse del viento furioso.

LA CACERÍA, ¿INFINITA?

ISLAS:
tanta claridad es misterio.
Túneles las traspasan,
dédalos dinamitados

[358]

para renacer de sí mismos,
laberintos con toro y sueños
y teseo voraz del mito
y ariadna que un día inicia
la para siempre
                    eterna
lectura de la verdad
                              que,
fabulada,
                circular en las aguas escapa,
fija a la orilla de un comienzo,
de un cerrado infinito cerrado.

SALMO

ALABA lo que no conoces
por tu esperanza
y aún por tu mirada de hoy
                              creyente
de la hermosura que muchos desdeñan:
alábalo por inconcebible,
por la constancia de sus absurdas disposiciones.
El itinerario de tu viaje
                        brevemente infinito
traza un dibujo que sólo tú no entiendes,
pero no te amotines;
en el ruidoso vacío de su centro
caerás
            trasmutable semilla
cuando la hermosura y esperanza
ensimismadas
                finen.

[359]

Jardín de sílice

... ni de ella falto yo porque esté lejos,
ni hay una piedra allí que no me importe...

EULOGIO FLORENTINO SANZ

No hay ala en la ola cuando me miro,
ni extensión en el sol cuando me olvido.

JOSÉ LEZAMA LIMA

PASAJE DE LA ESTRELLA

SI ese pasado
volando desde distintos puntos de partida
llegase a serenísimo vals
    si pudieran
acordarse la fascinación del fragmento
el golpe de la montaña mágica
las fulminantes azoteas
en el triunfo de las tribulaciones
la gota de laúd
    y luego
noches descubrimientos fines
todo el torrente de las desposadas metamorfosis
cuando juntos recogiéramos el azoro
que numera los años
uncidas las felices ocasiones
acaso el miedo
    el duelo
hasta un eterno crepúsculo
flores finales.

VEINTICUATRO DE JUNIO

SE abren los equinoccios
y oraculares libros cierran
    historias sigilosas,

alzan castillos en el aire
de los cruces solares,
y crece, ajena,
la magia del solsticio de verano.
La fortuna del trébol
ordena oros futuros,
rampan amores en hangares de heno,
relinchan los establos,
y la noche resuena como la infancia en cuentos,
como un viento detrás de catedrales.

En antípoda invierno
no danzamos hogueras ni lámparas a ratos,
no celebramos ramos especiales.
Mascamos el sosiego del sur,
eco de largos truenos,
pero sin sortilegios ni conjuros.
Roe remoto el óxido, canciones,
resplandores,
plenilunios ajenos.
Vivimos sin milagros, nosotros.
Buenas noches.
Nos vamos a dormir
en un San Juan sin fuegos.

HORA NONA

LEVÁNTATE,
echa a andar cada día
la rueda inerme por
los alrededores del centro verdadero.

Desvía el rayo del sol
del punto exacto,
                          que lo descompone
en joyas tuyas.

Arde en la destrucción.
Serás ceniza y *no* tendrás sentido.

TÉRMINOS

LO desvaído,
                          triste como
la ausencia de tentaciones.
Lo fatigoso,
                          divisor
como las tentaciones que sobrevienen,
inevitables.

Entre ambos términos,
por la hondonada de la vida
                                    pasan,
entre el fragor de ideas fijas,
hombres vadeando, ciegos,
a ofrecerse en la cena.

FE DE SOMBRA

LAS salamanquesas en lo oscuro,
prisioneras privadas
de correr hacia el sol,
se hacinan, un cuerpo sobre otro,
escamas de un sinuoso,
                    largo
reptil distinto.
Los pensamientos taciturnos,
no menos incapaces
de encender su propio fuego,
se encadenan,
                    logran
una sucesión perseverante,
inútil, áspera
y aquietada,
dan fe de sombra apenas,
de regir un espacio sin luz propia.

SUEÑO DE ESPADAS

I

POR graderías de la noche
subimos,
                    persistimos;
arreamos una recua tenaz
que nos arrastra:
                    insepultos
cadáveres de instantes

[366]

que quisieron durar y que matamos,
estridente coro
           de palabras
echadas al silencio.

II

Tanto se agolpa en un punto,
se aploma
           hacia vertiginoso
                      descenso
donde se pierde
hasta el último resplandor
de las alguna vez vistas estrellas.

III

Los pobres,
           cortos sueños
ven ascender
la lama que los pudre
y huyen de quien no osó.
Con pétrea persistencia,
parca
paciente
amamantante
muerte
remite tenebrosos mensajes
cuando cada alegría.

BAJO VIDRIO

EL silencio
—como la ausencia de dolor, quizás—
es algo, entonces,
que podemos fraguar
en modo absorto
extinguiendo algunos ramales de la vida.
Gritan en un jardín cercano,
el viento aúlla, pájaro plomizo
o
gárgola girante,
los autos no han dejado de subir,
esforzándose,
la loma.
Y sin embargo, el cielo,
azul,
es el silencio.
Y los volcanes,
blancos en el aire.

A LA VELOCIDAD DEL MIEDO

A veces tiene el color
del atardecer en un parque,
la melancolía que acompaña siempre
a la belleza.
Espera a la distancia justa.
A veces parece estar muy próxima,
detrás de la ventana,
dispuesta a romper el vidrio

[368]

que me aísla.
Sé todavía medir la velocidad
de su paso,
la hora de sus distracciones.
Soy su menguante límite fijo.

20...*

ENTONCES,
entre líneas de la noche borrosa
han de quedar despojos de verdades
diversas,
       yertas;
alguien hará la suma con usura,
sésamo ciérrate para una gruta sin prodigios.
Testigos contra olvidos,
cuando el tornado final,
uno mostrará astillas,
otro el relámpago de algún cuarzo intacto;
habré sido desmemoriada, memoriosa,
ceremonial, cerbera y can de juegos,
a ratos muerta, viva a ratos,
insurrecta, sumisa
y reina y supliciada.
Al fin, echada llave en todos los asilos
solitaria,
      ¿la paz
en algún cielo se acelesta?

* Este poema se llamó «19...», pero con el cambio de siglo he debido modificar el título.

INVIERNO

COMO las gotas en el vidrio,
como las gotas de la lluvia
en una tarde somnolienta,
exactamente iguales,
superficiales,
ávidas todas,
breves,
se hieren y se funden,
tan, tan breves
que no podrían dar cabida al miedo,
que el espanto no debiera hacer huella
en nosotros.

Después, ya muertos, rodaremos,
redondos y olvidados.

LA MÁQUINA CIEGA

TE estás acercando al lugar
                          donde
mejor se muere;
                    allí
un sol negro alumbra
el frío.
Manos sin prisa
                  ceden
a la otra gravedad
donde caer definitiva
a solo.

[370]

Juntas todas las lágrimas
llevan a donde
estalla
noche catedralicia.

SOBRE ITINERARIOS

YA estás en lo distante
y no indemne por eso.
Late una gran quiebra
inhumanable abierta detrás de ti.
Caminas sobre un tapiz
que siempre retrocede
en donde quedas enclavada,
esclava.

PENA CAPITAL

DUDAMOS por el cielo,
y asomados a su ceniciento diafragma
vemos bajar su polvorienta,
                              patética corona
sobre la miseria del hombre,
su harapo placentario, por igual,
sobre el pobre,
                    infinito,
y sus pocos señores.

Y es lo único justo.

[371]

ALAMEDA

CONTRA las invisibles estrellas
—su memoria como
una fresca vía de la noche—,
contra su luz aniquilada,
la falsa, brillante
red de lumbres
prendida de los muros altísimos.
Cabría equivocarse como en sueños.
De pronto,
saliendo del esplendor oscuro del jardín,
casi a tus pies,
corrió la rata fría,
                    real,
más nítida que el hoy,
duramente borroso.

SE NOI SIAMO FIGURE DI SPECCHIO...*

NO cantes,
            Gran Oreja,
y no llores tampoco.
No mires hacia el lado del gran árbol de luz,
ni vuelvas hacia atrás,
donde la copa rota
                    cuajó
de estrellas federales.
Apártate, apártate

* Lucio Piccolo.

como los pájaros,
como un espejo no mirado
como
      quédate, quédate,
            ámbar
que una insistida palabra
frota, electriza,
antes de la agonía.

JARDÍN DE SÍLICE

Si tanto falta es que nada tuvimos.

GABRIELA MISTRAL

AHORA
hay que pagar la consumición del tiempo,
sin demora,
      gastado el arrebato
en andar por un jardín de sílice.
Aramos otra vez el mismo surco
para fertilidad de la desdicha,
y la letra,
      el silencio
van entrando con sangre.

Años vendrán para pacer palabras
como pastos oscuros,
echar a arder pequeñas salamandras,
todos los exorcismos,
apenas memoriales donde hubo un aire libre,
ya no lugar común,

[373]

que nadie
en el miedo de las encrucijadas
sueña o lee.

Vagos vagones cruzan
hacia
un pasado que pulveriza las raíces,
que alisa el luto y nos despide.

CIFRA DE SILENCIO

LEJOS allá
han de seguir los gallos
buscando la mañana
en que solos conciertan la libertad,
su escalofrío.
Perdidos hace tiempo
en un cerrado bosque de ceremonias
no los oímos ya.
Andamos,
vidrios del calmo
espectral esplendor
pisando,
al cabo del silencio,
tristes.

ZOON POLITIKON

Il n'y a de paix qu'au-dessus des serpents de la terre.

Max Jacob

QUISIERAS escribir al margen de combustiones
y escalofríos,
malezas que ametrallan
y testimonios del fracaso de toda magia,
remediando azogues roídos para que del otro lado
del espejo se llegue
a los jardines sin tormenta ni astucia,
donde el té circular y los amigos íntimos
lejanos.

Quisieras convertir los pantanos en manantiales
de limpio berro,
izar la historia,
red reptante donde tropiezas
y te cubres de presagios amoratados.

Pero sigues por arenales de sofocación hasta ningún fin,
a vararte en el horror prometido.
La espalda, triste signo,
acata tablas dictadas entre
truenos y violencia.

Quisieras estar naciendo en edad de razón.

EN MEMORIA

... And wisdom is early to despair

GERARD MANLEY HOPKINS

MIENTRAS la multitud nos lleva
somos la multitud
   su duelo
     su ternura
y es ella nuestro airado estertor
y nuestra impenitencia
la mudanza de ser
     única flor posible.

Pero de nuevo solos
el fatuo hielo cubre el haz del agua.
Adiós
  adiós
    a muertos que se hunden.

SEQUÍA

—De se taire, parfois, riche est l'occasion;

R. ROUSSEL

Y tienen las palabras su verano,
su invierno, y tiempos de entretierra
y estaciones de olvido.
De pronto se parecen demasiado a nosotros,
a manos que no tocan
hijos, amigos,

y pierden su polvo en otra tierra.
Ya no las mueve el agua
de nuestra tibia orilla humana.
Navegan entre nieblas,
merodean lentísimas,
van como topos, ciegas, esperando.
Hermanas, tristes nuestras.

OIDOR ANDANTE:
[1972]

Para Enrique

Señas de letrado

Se van quedando atrás tantas palabras
¿de qué sirvieron nunca?
¿qué gloria hubo alguna vez sin ellas?

CINTIO VITIER

LA PALABRA

EXPECTANTES palabras,
fabulosas en sí,
promesas de sentidos posibles,
airosas,
    aéreas,
        airadas,
            ariadnas.

Un breve error
las vuelve ornamentales.
Su indescriptible exactitud
nos borra.

LA BATALLA

¿QUIÉN, resonante,
baja por la noche,
sino palabra apolo
con sus flechas furiosas
que hierven al oído
como abejas?
Maligna, triste, silenciosa peste
sobre aquel que rehúye la batalla,
si dentro sintió el fuego.
Para el que acepta,
diaria, contrincante muerte.

CUADRO

CONSTRUIMOS el orden de la mesa,
el follaje de la ilusión,
un festín de luces y sombras,
la apariencia del viaje en la inmovilidad.
Tensamos un blanco campo
para que en él esplendan
las reverberaciones del pensamiento
en torno del ícono naciente.
Luego soltamos nuestros perros,
azuzamos la cacería,
la imagen serenísima, virtual,
cae desgarrada.

VALORES

I

VIENE entre mariposas amarillas
de poderes herméticos
la primera sombra, casi azul todavía,
y la memoria, ese lento alarife,
repentina, propende al despilfarro.
Socorro al temblor último,
la palabra represa la correntada súbita
y organiza la gloria.

II

En la tarde doblada sobre su fuego,
manejar el silencio, manjar raro,
recobrar sus sabores
para seguir imaginando frutos,
los jugos que reviven la memoria.

Con el atardecer vertiginoso,
fugaz fuego de piñas,
volver a su virtud,
salado corazón de Durandarte,
el habla,
      para la sazón de lo cierto.

CONTRA ENGAÑOS

LOS guardadores de la nostalgia
rememoran los días de oro
con la baraja expiatoria
de sangre sepia y claroscuro.
Si la cuenta de puentes canta,
la lluvia del tiempo les llora
y condice con catedrales
anegadas en ciegos vinos.
Mejor, a espaldas las imágenes,
probar el vidrio de los versos
con el rigor del ser a solas.
Y si están muertos de mentiras,
si otra lluvia del tiempo les llora,
penitenciarlos, aunque luego
andemos un campo vacío.

[385]

SEGURO DE MUERTE

TODO lo disponemos.
Sólo no hemos previsto
qué ha de hacerse
cuando la mano pierda
las pautas que guiaron
nuestros renglones pávidos
y el vórtice nos beba
y el ojo ya nos borre no mirando.
No habrá instancia siguiente
ni prima favorable
ni imán solar que nos sostenga.

No nacerá la luz que no miremos.
Y sin embargo, algo
desde el perpetuo barro
ordena la constancia,
juega proposiciones contra el tiempo,
fía en la salvación por la palabra.

ESFINGE REINA

DE pie sobre la caja de la culebra,
la reina, subida por ángeles
o demonios, va tras el sortilegio.
Se le ha abierto un camino de alfileres
para que baile sobre sus puntas
y hacia atrás una espada la protege o la mata.
Este siglo le incendia bosques diarios
de pájaros prohibidos

y le cierra el escándalo de los viajes sin rumbo.
¿Ofrecerá morir, un alacrán
rodeado de oscuros enemigos,
o cubrirse tan sólo de espinas,
de aguijones?
Fío en que mantenga su cetro de locura,
la pólvora capaz de volar
la suficiente imagen del mundo.

RETÓRICA DEL SÍ

DESDE el cuchillo descendió la orden:
—No más dudas.
Descolguemos del árbol
las preguntas de cuerpo inanimado.
No más cuándos ni nuncas.
El expolio se ofrece en beneficio
del poeta futuro.
Entre la sangre, el miedo
y sus mortales invenciones,
en la centuria de ceguera insana,
contra hogueras
que un frío viento tinto reconstruye,
se exige fuertes pasos,
palabras positivas y enjoyadas.
Con la suma de dudas excluidas
qué fantasmal corona de ciprés aseguran.

DEL MIEDO COMO DENOMINADOR

Y siempre seguiremos inclinando
las armas ante los vencedores,
imaginando ofrendas,
danzando deferentes con su música
sin que grieta presagio
vulnere el simulacro.
Ellos merecerán que un color nuevo
conmemore Magenta, Solferino;
que las cocinas batan para siempre
un nombre que celebra ocasión
o general triunfante.
A veces, se echó atrás
la máquina funesta que animaron.
Y sin embargo todavía resuena
bajo los arcos de la palabra.
Hasta el lenguaje llegan los indicios del miedo.

Pálidas señas

EL SILENCIO

PIDO silencio
y es pedir la fruta
en la flor de verano,
un estanque con peces
al abrirse la lluvia.
¿Esperar es siniestro?
Arderá una granada
de inesperado amor
y crecerá su paz,
no una marisma muerta,
no un aniego de hielo
o epitafio volcado,
sino un regalo dulce,
beso de buenas noches,
resplandor de buen hijo,
lámpara cariñosa.

ESCAPATORIA

ESTALLAN agrias campanas
y el tiempo lanza a los relojes
a galopar sus prados.
Se afiebran las preguntas y las máquinas,
las proclamas prosperan.
Los vidrios no se rinden y a los golpes
van aventando pájaros.

[391]

Discordantes y firmes,
las radios narrativas rasan el aire,
rugen sobre la hoja
vacía como un cráter,
duran más que las nubes altísimas.
Arden los juegos de los niños,
crepitan exegéticas conversaciones varias.
No hay islas,
ni mar donde lanzarse a nado
y te asfixias adentro de la inmensa ballena.
Pero de pronto algo dice silencio
y tras el cauto,
sutil señuelo de una palabra puerta
vadeas el río de la realidad.

REUNIÓN

ÉRASE un bosque de palabras,
una emboscada lluvia de palabras,
una vociferante o tácita
convención de palabras,
un musgo delicioso susurrante,
un estrépito tenue, un oral arcoíris
de posibles oh leves leves disidencias leves,
érase el pro y el contra,
el sí y el no,
multiplicados árboles
con voz en cada una de sus hojas.

Ya nunca más, diríase,
el silencio.

[392]

SALA DE PROFESORES

> *To be eaten, to be divided, to be drunk*
> *Among whispers...*
>
> T.S. ELIOT

LAS voces entoldadas murmuran, juzgan, lacran.
Las espaldas agobian. Arden, insectos del bochorno.
Una hebra blanca, baba del diablo, dicen.
El silencio se asienta pantanoso.
Luego, una burbuja pálida, pesarosa y gremial,
sella con su quejido la inanidad del rato.

PÁLIDAS SEÑAS

SE murió el pan en los armarios,
murió la leche entre las jarras
que olvidé al sol,
y plantas que alternamente
nutrí y abandoné, volvieron,
poco a poco, a ser la tierra.
Las hormigas aliñan los relieves
sitiados en las mesas.
Les nace a las ventanas albedrío,
reniegan de la luz, cambian paisajes.
No sé qué vientos vienen
de la espina peor de alguna rosa
que a dentelladas llevan los pañuelos,
desgarran los constantes algodones.
Son los signos más graves
—un Semmelweiss diría—,
las fiebres puerperales que caldean
los nacimientos desesperanzados.

[393]

ESCRITO MENSUAL

CONFUSO palio de árboles,
bocinas solubles hacia el mar,
voces en rumor, teñidas de un azafrán lejano,
próximas, que preguntan,
señales segundas de la realidad,
lo arbitrario, lo inútil,
los sentidos tribales,
para que yo, mecanismo incendiado
que aún responde, «sí, Pier della Vigna»,
diga, y sangre
por las hojas endrinas que me arrancan.

DISCO DE FESTOS

ENTRO en el caracol
y huyo hacia el centro siniestro,
habiendo antes dejado fuera
ciegos cantos de pájaros,
un mar de astutas voces,
el olor del verano;
alzo palabras asesinas
y desoladamente las arrastro contra la puerta.
Vuelvo, lejos de ti, como andando entre piedras,
hacia el andén de espera de la muerte.

VISIÓN DEL PRIVILEGIO

ACEPTO las centellas del recuerdo remoto
pero separo años de atardecer sin escapatorias,
con las claves calladas de constituir
deber y no gloria de nadie;
aferro la belleza de palabras ajenas,
la melancólica aproximación de las propias.
Despliego la gran tienda de las radiantes certezas.
Para dejarla a diario caer,
porque afuera en la lluvia
va amor, insomne triste
que ese palio no cubre.

JUEZ Y PARTE

SE apagan rostros como estrellas
que caen. Nadie erige deseos,
ni cabe formular augurio alguno.
Lejos, golpean puertas en el mundo
de los rapaces que halconizan.
Pasan palabras, gestos.

Asume la sentencia. Este cuarto vacío,
tus horas de desollada piel,
esa nube que cercena la ventana, la dictan.
Las dactilares copias del otoño,
sobre imposibles resurrecciones,
la refrendan.

ORO ES TIEMPO

PAGO con oro
la plata azul del pez,
el jade de la arveja,
el moscatel entrado en el otoño.
La centelleante cúpula
del tiempo
se amoneda y llueve
y no es amor
y es la muerte de Dánae,
sin duda.

Pago con oro
en polvo y en cenizas
contra mí misma.

INTEMPERIE

> He lástima de ver que van perdidos.
>
> GARCILASO

LA carrera del martes
desatada,
estrujó urgente
el lunes estrechísimo.

Nos comimos el tiempo,
nos rechina su arena
entre los dientes.

Aturdidos amantes desangramos
capaces horas,
días de decir el futuro.

A la sombra de un follaje
muy tenue, fuimos
como hormigas hambrientas.

Ahora estamos a solo, duro,
enemistado cielo.

CONCLUSIÓN Y RELÁMPAGO

VIRREY caracoleante, Mayo duro
dice conclusión y relámpago
y cierra las puertas últimas
del verano.
          En tardes lejanísimas
del anterior otoño
tendrá el cielo textual, usual,
sin dianas,
puesta dorada y triste
la sábana del tiempo.
Destraillado, el perro de la vida
busca circularmente
y harta desolación hay
en su olfato.

TÉRMINO

TRISTE quien sea hoja
de la espada,
número de la celda,
forma del veredicto punitivo,
llaga salada,
vórtice del rápido,
piedra que no sostiene sede.
Triste si en él se muere
y no se recomienza.

Razón suficiente

PÁJARO, COMIENZO

Fled is that music: — Do I wake or sleep?

K<small>EATS</small>

<small>SIGO</small> esta partitura
de violentos latidos,
inaudible,
esta alocada médula
escandida por dentro,
canto sin música,
sin labios.
Canto.
Puedo cantar
en medio del más cauto,
atroz silencio.
Puedo, lo descubro,
en medio de mi estrépito,
parecer una callada playa
sin sonidos,
que atiende, suspensa,
el grito permitido de un pájaro
que llama a amor
al filo de la tarde.

EL GESTO

LOS párpados caen,
la cabeza derrocada
cae hacia atrás.
El peso de la corona del amor
es arduo.
Es rey y muere.

DESPEDIDA

LA piel no dijo adiós;
la mano fue a negar el vacío,
la mirada siguió mirando,
quiso argüir
desesperadamente.
Fue la alondra
o qué pájaro siniestro.
Algo gritó muy lejos de nosotros
y se partió la tierra
en dos mitades.

SE ELIGE

DIEZMADA, desangrada,
cortada en tantas partes
como sueños, quiero,
no obstante,

[402]

ésta y no otra manera
de estar viva;
ésta y no otra manera de morir;
este sobresalto
y no más la habitual
duermevela.
Como una sombra de uno mismo
o como incendiado fósforo violento.
No hay otra alternativa,
ni más signo de identificación.
No otra muerte.
No mayor vida.

OFICIO

SER aceptada viva en esa logia
de muertos que están vivos,
los que supieron celebrar lo amado;
trasfundirme esa sangre
que aún golpea
y, amor, enamorarte eternamente:
en torno de ti,
    fuente que no ceja,
seguir diciendo el vidrio de mi suerte,
el mercurio del miedo de perderte.

MES DE MAYO

ESCRIBO, escribo, escribo
y no conduzco a nada, a nadie;
las palabras se espantan de mí
como palomas, sordamente crepitan,
arraigan en su terrón oscuro,
se prevalecen con escrúpulo fino
del innegable escándalo:
por sobre la imprecisa escrita sombra
me importa más amarte.

CONSIGNA

LA consigna era andar
cuando sonaran campanas,
aunque sonaran campanas,
contra los tañidos,
volando velocísimos a promover los sones.
Podían conflagrarse las nubes, los relámpagos,
los truenos en el ápice de las torres
o incendiarse con el más imaginario de los soles:
estaríamos al pie
como el musgo siemprevivo,
siempre.

VÉRTIGO

VARADA velocísima en
tu borde,
veraz de veras,
en vilo, en vela
virando hacia,
en ti guarecida,
guarnecida quiero seguir
imaginando cómo se amanece,
capaz de maullar
por las azoteas del frío
o del ardor final,
feliz naciendo
de la diaria muerte.

CERRO SAN ANTONIO

SE teje y se desteje la ladera
de caediza en volador velamen
en equilibrio sobre un mar dormido
consecutiva.

Yo me tejo y destejo en el abrazo,
médula en libertad, Dédalo preso,
el tumulto perplejo en que te envuelves
atestiguando.

Ladera y mar serán eternamente
la pelea indivisa, labio a labio.

[405]

RENACENTISTA

AÚN sigue siendo así: icáricos,
caedizos y respectivo mar uno del otro.
Desde las barcas y las plantaciones
trasmiten partes de rescoldo último,
doblan señales de pasión y muerte
los exentos, y fervorosamente
huyen del aire altivo de la quema.
Los que allá siguen gravitando aducen
sus propias leyes, su sagrado fuego,
tocan intactos su certeza y ríen.

Para bajar a tierra

GUERRA NOCTURNA

toda la noche estuvo luchando...

VAS subiendo lidiante una ladera
que enseñorea diego de la noche
pisas estribo sin estreno
trampa tendida trampolín
talco tibio del sueño sacudido
y fría tiza luego frío cristal
araña huraña luna sola remando por su niebla
el gato el gallo el golpe de la puerta.
Va el balde estrepitosamente al pozo.

AMANECER DEL SOLO

LA rosa noroeste se repliega,
la rosa sur se exime.
Todo ser, todo ardor
abren sus biombos nítidos.
Gritos da el aire sin respuesta
cuando la soledad
azuza perros carniceros
y una mano en el chirriante límite
aproxima los restos.

PARA BAJAR A TIERRA

SE calza uno las botas de lluvia,
los ojos de la lluvia
y el pesimismo del factible granizo,
acepta la encandilada taza de la mañana,
barrunta el barro,
el frío contra la piel caliza,
urde planes contrarios,
apostrofa y desmanda,
supone el ronroneo del poema
cobijado en la cama, como un gato.
Pero transige poco a poco,
baja, y entra al campo del radar de la muerte,
como todos los días,
natural, tautológicamente.

RECREATIVA

SUPONIENDO que estamos en el fondo
de un pozo imaginario;
que ese pozo tiene altura,
brocal, más allá cielo
para alguien que lo alcance;
y dando por sentado
que tiene un contenido
en esperanzas yertas,
averígüese el tiempo
que habrá de transcurrir
para que quien está
en lo más hondo de él

[410]

llegue hasta arriba.

Formúlese la respuesta
en sueños viables,
fines laberintos,
ilusiones volátiles.
Calcúlese también
la energía perdida
cada vez que se vuelve
a tocar fondo.

TRASTIENDA

CIELOS veloces de Montevideo,
estratos de oro y de laurel,
halados por la más alta red,
tibios lilas lentísimos
cocientes de su luz multiplicada,
pasan y nos envuelven
y nos entretenemos con su gracia,
como una mano juega
entre arenas que guardan
la eternidad en la que no pensamos.
Entretanto, el pegaso peligro
relincha ferozmente.

EL PUENTE

EN un instante fragua y se rompe
el puente que va de la sonrisa
al relámpago roto de la ira,
de la loca beatífica que sostiene
como un falo una rosa por el aire
hasta el auto que pasa lento, negro,
patrullando la calle sigilada.
Y ya no hay nexo, línea, mano
que una la dispersión.
Veo volar vidrieras que están quietas
y una infernal granada que derrama
sus glóbulos de sangre.
Veo aventar las plumas del tiempo
que es un faisán viejísimo
sobre caras sin énfasis,
armadas contra la visión del delito.
Veo la cerrazón suicida.
Reyes de penas, ápices de un sueño
sumergido, los todavía líricos,
los siempre esperanzados,
los pescadores de otros mares mágicos,
a cada paso dado apartamos los vidrios
y tememos.

CIUDAD VIEJA

UN mudo cielo oscuro
un auto quieto, solo,
una torre de estrellas derrumbadas,

ajena a esta región bancaria,
bellota seca, cáscara muerta,
pronta a crujir
si el tiempo pisa fuerte,
si los hombres de golpe se amoscaran.
Letras extintas
entre las telarañas del vidrio
izan consignas corredizas,
lazos, cepos
del cambio y de la compraventa,
mientras los gentilicios duermen,
abierto el ojo frío del amo,
entre sus fueros protegidos
por un cambio del día favorable.
Duerme todo sin sueños,
los balcones inútiles, barandas
donde asomarse fuera sancionado.
El viento gira, muerde
los papeles del día,
las cintas sumadoras,
las fugaces flores del interés,
a falta de árboles, pájaros o musgo,
en este insomnio
de eléctricas alarmas.
Tengo de pronto miedo de quedarme
mercando, como Nils,
obligada a venderme o a venderte,
para evitar que algo —inútil—
se desmorone en el orden del mundo.

ÚLTIMA MESA

ACÁ estuvo el lenguado para los malignos,
el tenedor en el aire de los olvidadizos,
la miel de los que mendigan,
el vino de los que necesitan un pretexto,
la carne de los exhaustos y los castos,
el membrillo de los idealistas,
la naranja entre sala y comedor de los inocentes,
el vinagre en espera de la esponja,
el tomate hidropónico de los que caminan en un desierto,
las conservas de los solos,
el laurel y el aliño de los que aún no saben
                                        a qué sabe su vida.
Y el pan con una gota de sangre encima.
Acá está el páramo final, deglutido.

NATURALISMO

BAJA una pluma de la desconfianza,
la llave por los aires.
El hilo es sostenido por la mano,
la llave atada al hilo, la mano al miedo.
Cae temblando una hoja del otoño,
como un tinte amarillo.
Grazna una temerosa en su instinto de sombra
pero preserva la árida gloria
de morir a solas.

MUJER CON PERRO

PUEDES andar lentísima, detenerte inexacta,
correr de nada a nada,
mirar lo absurdo, lo perdido, lo inútil,
coser a cada noche su frío,
introducir sílabas de estar viva,
de empecinada renaciente,
parecerte a ti misma.
Tu perro es tu testigo y tu constante huérfano.
Por él la soledad te privilegia;
se te admite un circuito ritual,
que traza, posiblemente atroz, el hábito.
Si él volara podrías ir subiendo
levemente en el aire
sin que ojo alguno te reclame.

NEUROSIS

IMAGINANDO glorias
—manzanas en un árbol altísimo—,
su constancia sin armas sacude,
fijos los ojos, el fuste del apático día
para que no encalle sin sentido
entre los arrecifes de la noche.
Hundido en el presente
como en una barca que navega en la lluvia
augura las montañas magnéticas
y los sitios del Roc.
Padece por la rosa que entreabriéndose
se abrasa al borde último.

[415]

Entre césped y estrellas
que son lazos funestos,
sólidas redes de la telaraña bien construida,
no ve belleza sin cicatriz,
ámbares no excretados,
socorros a pesar de las llamas.

Y sin embargo,
el alba renovará sus votos.

MNEMOSINE

UN recuerdo disuelve telarañas,
otro las cría apresuradamente;
las marejadas van participantes
del verano al invierno,
del verde hasta el violeta violento
y sin regreso, en siniestro desorden.
El tiempo fue asolado
y no hay respeto por la polvorienta
        reserva de no bebido vino,
bodegas de alegría, de ocasiones de luz.
Lo quieto en medio del tornado
muere de su quietud y del olvido,
como el derrumbamiento,
        de la grieta y el vértigo.
No hay pues que detener el pensamiento.
Los obstinados ecos secuaces
        sacan un filo huraño.

Pero en silencio andamos corazón inclinado.

LA HISTORIA NO SE OLVIDA

EL oropel del oro arrecia en las vidrieras,
a erizada distancia, en la ciudad extraña.
¿Cómo tener aquí sentido, nombre?
Huésped casual que apartó los aceites
sale a reclamar respuestas
de una extranjera superficie,
tan estrellada y negra, tan vacía;
torva que sólo abraza el desdén,
resbala entre la noche altiva y cae,
cae sin alcanzar tus hombros,
ahogándose en la ciudad
sin sal y sin gaviotas,
pero llena de espectros,
de dedos que se mueven con geranios,
tan cerca todavía debajo de la tierra.
Todo querría pisotearlo,
querría una rueda de fuego discerniente
que librara a los limpios.
De nuevo cierro el círculo,
salvos dentro unos pocos *anónimos,*
varios Velázquez, aquelarres Goyas
—esas serpientes tristes también mudaron piel
y apagaron los cielos aullando como lobos—
y más allá prosigo, ya sin país, los pasos.
La historia no se olvida y roe, roe.

PRESUNCIONES

Adieu, nuit, que je fus, ton propre sépulcre...

MALLARMÉ

I

SE cerró la escotilla;
el día que se obstina,
la noche, nítido corolario,
situaron sus piezas frente a frente,
jugaron señores su partida,
ante testigos mudos
sin derechos.
Algún espectador desvencijado
rueda del sitio y pierde la evidencia
y pasa a ser la falta que corona
por un instante la imperfección total.
Yo asisto aún; persigo
esta enorme pecera, estos espejos
donde nadamos solos,
destemplados, entre objetos mortuorios,
luces, focos, vitrinas florescentes,
espadas sin degüellos,
cartabones sin sabios ni viajeros,
y vidrios y redomas que sugieren,
más allá, los perfumes.
Se cerró la escotilla; no hay salida.
Ahora nadamos como peces lentos,
obligados al límite.

II

Nada es la verdad.
Ese túnel de flores por donde precipita
todas sus banderas el escuadrón del aire,
es la hermosura, y del revés
el yelo tenebroso, el viejo humus cadáver,
el alarido del loco.
La caricia esconde la manopla yerta
de un aparecido glacial,
el huracán del miedo,
la perplejidad de mortales hechizos,
y entre el carmín y el índigo,
el color oscurísimo del huracán espera.
Por tanto, continuemos la tantálica presunción:
todo gesto es legítimo,
de cada punto arrancan ramales,
pistas, órbitas, pasos posibles,
letárgicas monedas que rigen un cambio inagotable.
Y nosotros, mentidos,
somos, nada, la suma de la verdad posible.

CAPÍTULO

DONDE AL FIN SE REVELA
QUIÉN FUI, QUIÉN SOY,
MI FINAL PARADERO,
QUIÉN ERES TÚ, QUIÉN FUISTE,
TU PARADERO PRÓXIMO,
EL RUMBO QUE LLEVAMOS,
EL VIENTO QUE SUFRIMOS,

[419]

Y DONDE SE DECLARA
EL LUGAR DEL TESORO,
LA FÓRMULA IRISADA
QUE CLARAMENTE
NOS EXPLICA EL MUNDO.

Pero luego el capítulo
no llegó a ser escrito.

LAS TRAMPAS

¡Las arpas de la óptica alegría...!

J.R.J.

EL azar, ese dios extraviado
que libra su batalla, fuego a fuego,
no está sólo escondido en la catástrofe;
a veces un gorjeo lo delata
y sobornado, entonces
admite durar un poco en la alegría.

FUGA, RESURRECCIÓN

MORIMOS cotidianos,
cubiertos del liquen de las compras,
de las fabricaciones y enmiendas.
De pronto viene hecho un brazo de mar,
de Bach,

[420]

el aire, resurrección y fuga,
viento duplicado en espejos.
O en la sombría mina explota
una boca de luz,
recorren veloces mirmidones,
resplandor con espadas,
un desorden de números se ordena,
y amanece, aun entre los helados
                        anuncios vespertinos.

Por una estrepitosa duración
de silencio brevísimo
hacemos realidad la irreal granada.

CADA UNO EN SU NOCHE
[1960]

ESTE MUNDO

SÓLO acepto este mundo iluminado,
cierto, inconstante, mío.
Sólo exalto su eterno laberinto
y su segura luz, aunque se esconda.
Despierta o entre sueños,
su grave tierra piso
y es su paciencia en mí
la que florece.
Tiene un círculo sordo,
limbo acaso,
donde a ciegas aguardo
la lluvia, el fuego
desencadenados.
A veces su luz cambia,
es el infierno;
a veces, rara vez,
el paraíso.
Alguien podrá quizás
entreabrir puertas,
ver más allá
promesas, sucesiones.
Yo sólo en él habito,
de él espero,
y hay suficiente asombro.
En él estoy,
me quede,
renaciera.

APENAS VIDA

CADA día es un rayo cegador
hundido en tierra,
cada instante una perdida gota.
Noche a noche algo cambia
por una insignia oscura,
una pluma ya inútil para el vuelo.
Como lluvia que cae
por los techos,
la vida va bajando
por caminos quebrados,
perdiendo su olor de ayer, salvaje,
su candor de creerse
desatada y radiante y duradera.
No es raro
que una paciencia amarga
suela cubrirnos
como una triste tierra anticipada.

CUANDO ES DE NOCHE

I

ESTE viento de noche,
esta noche que tiembla
como una tela al viento.
Lo siento
como al pasar sobre las cosas
siento el tiempo.
Viento, tiempo, noche

llevan a sombras
mi verdad.
Lo oscuro
es réplica terrible
de lo incierto.
Acaso con vivir
miento otro vivir,
otro tiempo,
y este ardor, júbilo,
asedio, sólo son
verdad mortal,
pasos del viento
en el viento.

II

Gira la tarde sobre sí
y desnuda su piel
para asumir,
fuera de los engaños
y cautelas,
su otro rostro
terrible.
El sol se aniega a solas.
Ángel o sombra de hiedra negra,
cierra la soledad
las puertas decisivas
mientras adentro crece
duramente,
la red donde la vida es trampeada.
Caen las formas
del pasado
cuanto más dulces fueron

[427]

más heridas.
En el combate
ya no sé qué presagio
fabuloso inventar,
qué resplandor
o alada ordenación,
para calmar las sombras.
Al fin el sueño viene
perpetuo bienvenido.
Tras él transige en esperanzas
la mañana.

OBLIGACIONES DIARIAS

ACUÉRDATE del pan,
no olvides aquella cera oscura
que hay que tender en las maderas,
ni la canela guarneciente,
ni otras especias necesarias.
Corre, corrige, vela,
verifica cada rito doméstico.
Atenida a la sal, a la miel,
a la harina, al vino inútil,
pisa sin más la inclinación ociosa,
la ardiente grita de tu cuerpo.
Pasa, por esta misma aguja enhebradora,
tarde tras tarde,
entre una tela y otra,
el agridulce sueño,
las porciones de cielo destrozado.
Y que siempre entre manos un ovillo

interminablemente se devane
como en las vueltas de otro laberinto.

Pero no pienses,
            no procures,
                        teje.
De poco vale hacer memoria,
buscar favor entre los mitos.
Ariadna eres sin rescate
y sin constelación que te corone.

LO INÚTIL

AÚN resisten las hojas,
aunque el tenaz desorden
que un cielo pardo rige,
las acose y abata,
las mortifique en tierra.
Un día,
sin posible valimiento,
también mis testimonios y querellas,
las insignias
por nadie reclamadas
de este largo,
            vacío sobresalto,
arrastradas serán
como estas hojas,
por un viento más sordo,
más airado.

[429]

CERCADO AJENO

ACASO ángeles ciegos,
durísimos, castigan
la indiscreción casi divina
del recuerdo.
¿Olvidaría sola?
¿No adelantó mi sangre
en fe de eternidad,
incendio tras incendio
como imagen a imagen,
los puentes, las colinas,
los cipreses
de aquel mundo hoy cerrado?
Era mi solo turno.
Lo prevenido
se me restituía
en su precisa exactitud,
glorioso.
Y la sorpresa,
                    el pasmo
eran puntuales
a levantar la torre en el vacío,
el marco entre la sombra,
la luz dentro.
Ahora ya la coronación
ha terminado
y el reino se ha vuelto
de cenizas.
Si quedo atrás
otros pasos avanzan.
Todo se reconcilia
y restituye
y el esplendor prosigue,

enajenado.
Un muro se levanta,
tan sórdido en lo cierto,
para cerrar el paso
y la esperanza.
Una muerta pared,
un aire frío:
ya estoy afuera.
Ni siquiera merezco
un ángel ígneo.

Sin embargo hubo un día
que era yo misma
el fuego.

PASO A PASO

DE pronto vendrá el viento
y será otoño.
Se va el verano
y cae algún recuerdo
y baja otro escalón
sin ser notada la vida,
de amarillo en amarillo.
Adiós, atrás,
el paso que no he dado,
la insegura amistad,
apenas sueño.
Será otoño de pronto,
No hay ya tiempo.

[431]

Perdí un mágico doble
de mi nombre,
un pasajero signo
que pudo hacer el mundo más exacto.
Perdí la paz,
la guerra.
Perdí acaso la vida
y acaso aún no gané
la propia muerte.

En el vacío espacio
alguien tañe una cuerda,
poco a poco.
Ya es otoño, tan pronto.
No hay ya tiempo.

CULPA Y COROLARIO

TEJO y manejo el yerro
en el día tendido,
en la noche,
a lo largo del viento,
a lo corto de la memoria.
Tejo y destejo
porque creo en el fuego,
una trama falaz, enardecible.
Y cambia la verdad,
y me equivoco.
Apenas toco algo
por detenerle
en su paso de ajena maravilla,

[432]

hecho cenizas queda
y no me vale.
Tengo sembrado de ascuas
lo que veo
y el corazón que nadie mira
en ascuas.
Pero después del fuego
es la ceniza,
la durable ceniza
la que gana.

EL PUENTE

LA muerte es la menor distancia
entre los sueños,
el cálculo más breve,
el gesto sin torpeza.
Los amantes que cierran
las puertas como noches
para darse sus vidas
lo saben, mientras hunden
en la espuma del gozo
apenas pensamiento,
terror apenas dicho.
Lo saben pero piden
seguidamente treguas
para cavar sus túneles
entre sordas memorias.
En tanto, el puente aguarda
de luz a luz tendido,
pacientemente fácil,
su paso de fantasmas.

[433]

EL REVÉS DE LA VIDA

HAY gradaciones leves, lentas,
antes del decisivo expolio:
un restar diario, un menoscabo,
un segurísimo mordiente
con el que va signando el tiempo
en nosotros su trazo ciego.
Para los ojos distraídos
hay un engaño preparado:
llegan celestes veladuras,
lluvias que esconden otra orilla,
simulaciones de prodigios
y como ciegos caminamos.
Nos habituaron a la máscara
de nuestro rostro en primavera,
cuando probábamos a amantes
y la aprendimos como eterna;
como nos vimos para siempre
bajo un limpio, acendrado cielo,
entre el hervor de los jardines
que no guardan ningún secreto.
Luego el revés de la aventura,
luego el saqueo, el abandono
en el camino sin socorro.
Luego la sórdida constancia:
nadie previene ante nosotros
nuevos grados de maravilla,
no hay espejismos ni sorpresas,
ni concesiones ni privanzas.

Después de todo, ya sabremos
lo que ocultaba la esperanza.

FINAL DE FÉNIX

NO era verdad
el fabuloso vuelo
pero fingíamos creerlo
por casi hermoso.
La miramos llegar
a un cielo falso
subiendo su proclama
de oro en oro
en rosa sombría de teatro,
en inerte crepúsculo.
Seguíamos su vuelo
con ácida paciencia.
Pronto,
roído el día
por sus mismos vapores
fue cediendo
ante la noche limpia.
Aguardábamos
el fruto del incendio,
lo imprevisible
figurado en gloria.
Al cabo fue cayendo
hacia la tierra
entre sombras
de vuelos de ceniza.
Y no vimos batir
ala ninguna.

IMPACIENCIA

¿QUÉ aguardo junto a esta puerta
a la que nadie va a llamar?
La esperanza no me lo dice;
la vida sigue su pasar
rápida como una nube
si la tormenta estallará.
Voces oídas no las oigo,
manos ceñidas ya no están;
labio de amigo, amor amigo,
también debieron despertar
de ser un sueño. Entonces pido
que todo vuelva a comenzar.

VENTANA SOBRE JARDÍN

ERIZADO celeste cielo,
rosas de rojo inalcanzable,
viento cartero olvidadizo
que a mi piel llama y para nada.
Con el azahar del limonero
lucha el cedrón y nadie gana.
Un trino alto —qué triste celo—
áridamente también reclama.
Piedra dura y gesto de nube
y aire dormido en la ventana:
un solo lazo me uniría
a tanta gloria regalada,
un solo lazo que aún está suelto,
lazo, gozo, que nadie ata.

EL FIEL

ES la campana
arrebatando el aire,
obligando a cantar
lo entredormido,
la espada inatacable,
el rayo horizontal
que rompe alegre
la muralla del frío.
Es una flor flamígera
que llama a cielo
y libra, alegra, augura,
todo lo puede:
el corazón,
el fiel sin estaciones
que por sus fuegos vuelve.

MISTERIOS

ALGUIEN abre una puerta
y recibe el amor
en carne viva.

Alguien dormido a ciegas,
a sordas, a sabiendas,
encuentra entre su sueño,
centelleante,
un signo rastreado en vano
en la vigilia.

[437]

Entre desconocidas calles iba,
bajo cielos de luz inesperada.
Miró, vio el mar
y tuvo a quién mostrarlo.

Esperábamos algo:
y bajó la alegría,
como una escala prevenida.

LA VARA SOBRE LA PIEDRA

OSCURO palio, ciegas
anubarradas horas,
pesan en cuanto pasan
si el poema no doran.
Entre la sombra, a solas,
volado el sueño, a tientas,
nada me disimula
la tierra manifiesta.
Que no me falte el aire
oreador de mis días,
signo eficaz que pone
en flor la maravilla;
que no me mire estéril
y oiga mi voz reseca;
que si me falta el agua
tu vara de luz venga,
incesante de gracia
como sobre la piedra.

[438]

TODO ES VÍSPERA

TODO es víspera.
Todo sueña un renuevo
y mueve el corazón a defenderse
de los derrumbaderos.
Cada uno en su noche
esperanzado pide
el despertar, el aire,
una luz seminaria,
algo donde no muera.
Algo inviolado, exacto, fehaciente,
para afrentar la sombra,
un puro manantial,
raíz de agua, algo
como esa jarra tuya, Isabel,
donde acaso
hay claridad humana,
amor con su poder resplandeciente,
más misterioso que la sombra misma.

PALABRA DADA
[1953]

Para Alicia Conforte,
por quien memoria y amistad son casi un mismo sueño

CANON

YA todo ha sido dicho
y un resplandor de siglos
lo defiende del eco.
¿Cómo cantar el confuso perfume de la noche,
el otoño que crece en mi costado,
la amistad, los oficios,
el día de hoy,
hermoso y muerto para siempre,
o los pájaros calmos de los atardeceres?
¿Cómo decir de amor,
su indomable regreso cotidiano,
si a tantos, tantas veces,
han helado papeles, madrugadas?
¿Cómo encerrarlo en una cifra
nueva, extrema y mía,
bajo un nombre hasta ahora inadvertido,
y único y necesario?
Tanto haría falta la inocencia total,
como en la rosa,
que viene con su olor, sus destellos,
sus dormidos rocíos repetidos,
del centro de jardines vueltos polvo
y de nuevo innumerablemente levantados.

LAS VOCES

POR el silencio suben antiguas voces.
Niñez casi secreta, adolescencia herida
no quieren más tenderse en el olvido,
como en bosque sin aire
—noche adentro—
muertos últimos,
privados cuerpos solos.
Me piden algo a modo de ternura
aunque sea en palabras,
el buen pan del recuerdo miga a miga,
la sal intermitente de las lágrimas,
y todo apenas en exigua parte.
¿Dónde guardan el pájaro
que cantaba sin duda,
mi corazón, su risa
de recibir el tiempo,
la mudable nostalgia,
los secretos oráculos,
y el agua oscura y honda
donde apagué algún fuego?
Niñez, adolescencia,
¿dónde lloran, adónde,
largamente tendidas,
pidiendo resplandores?

FIESTA PROPIA

SÍ, cantar es alegrarse,
como el aire se alegra en la mañana
por cada cosa que a la vida vuelve.

[444]

Cantar, dichosa entrega
a vivísimos vientos,
a ráfagas regidas por la gracia
o la lenta paciencia.
Tenderse e ir nombrando
las cosas, los sucesos,
la ardiente zarza del abrazo,
la seda que en las noches
el sueño pone sobre las frentes
como un llanto.
Porque entonces el tiempo
se detiene y aguarda,
deja a la voz que nombre,
que se gane a sí misma
o que se pierda,
a la medida del olvido ajeno,
a la medida de la propia fiesta.

PRIMAVERA ARMADA

I

VIENE este viento
lleno de peligro y dulce
como un sueño,
otro afluente de la muerte,
pero sin luz final, súbita, pura,
con codicia,
con furia intacta.
Viene de nuevo el viento
y comienza el asedio.

[445]

Un agua me rodeaba,
perdurable y tranquila,
un agua como un muro.
De pronto este violento
plumaje sacudido,
este aniego de olores,
de desprendidos pétalos,
en fin, de primavera,
me ha alcanzado.
Pero sé que apenas me dé vuelta,
quiera tocar su fresca piel,
ya estará lejos,
ya una menos
irreparable primavera,
dejando de su huida
sólo un polvo de sueños
importuno en las manos.

II

Verdes diversos,
nubes,
un cielo empavonado,
juegos de niños, de palomas,
lentas, dispersas cinerarias
como estrellas en tierra,
un vaho tibio y verde,
tanta, en fin, primavera.
Yo en un rincón oscuro
y de rodillas.

Para fiestas ajenas,
para otras manos,

para esos cuerpos de vieja piel,
para la rosa ciega,
para el aire erizado,
para todo ese mundo sin historia,
para ese tiempo con sabor a odio,
es primavera.
Yo en un rincón oscuro
y de rodillas.

LLUVIA DE PRIMAVERA

QUIERO mudar la sombra
que entibié por la noche,
asomarla a un instante
de laborioso frío.
Esto es verdad: la niebla,
su distancia puesta sobre las cosas,
el agua, apareciendo con su polen
dichoso entre los árboles.
Y ésta es mi carne, ésta la mentira,
la forma que nos visten
al perder la memoria.
Quiero dar a este viento lo que arrastro
dormido y harto en las espaldas,
y despertar y estar de veras viva,
y ser parte y amor en la mañana,
un ramo más de ciego advenimiento
y de ciega esperanza,
ciego lugar subido a reino o primavera:
al fin regido azar,
que ahora de nuevo crece, canta.

[447]

DÍA ACABADO

¡QUÉ verde el árbol,
el aire casi verde,
y el pájaro,
cómo merece el verde
con su canto!
Un olor siemprevivo
invade el cuerpo.
¿Qué más otoño
puede dar el cielo?
¿Qué más cielo
este mundo de los hombres?
¿Y qué día será
más que lo es éste,
futuro ya y recuerdo?

IMPACIENCIA

TOMA, dale mi vida
a quien te pida un trozo.
No tardes. Mira:
quién sabe cómo están allí, sin uso,
cinco minutos, diez, de dicha pura.
En ocio, aguardan,
puesta su ingenuidad de ceremonia.
Anda, tómales las orejas,
ve corriendo con ellos.
Alguien habrá, ¿no es cierto?, tan suntuoso,
que te dé por usarlos
el vuelto de mi día.

[448]

ESTAR SOLO

UN desventurado estar solo,
un venturoso al borde de uno mismo.
¿Qué menos? ¿Qué más sufres?
¿Qué rosa pides, sólo olor y rosa,
sólo tacto sutil, color y rosa,
sin ardua espina?

HORA NUESTRA

UNA hora que crece como un árbol,
que con iguales ramas de pavor
toca el cielo,
su púrpura angustiosa,
una hora que crece como un árbol.

Que no cabe en olvido y que nos cela
y nos vigila como a fruto propio.
¿De quién al irnos nos despediremos?
¿Quién vanamente quedará aguardando
en esa hora de final paciencia?

DORMIR DE NOCHE

AHORA dejo la luz,
tomo por el camino por donde
asidua va en cólera la sombra,

[449]

doy mi nombre y razones,
mi pretensión de júbilo,
las horas celebradas
en las que fui naciendo
y presento mi día
como un pájaro herido y terminante.
¿Después qué, después dónde,
después del sueño reclamado
y el ay final de despedida?
La fábula conclusa
dobla sus verdes hojas y su cielo,
guarda la tarde por recién usada
los vientos y palabras que se oyeron.
Acá está el lento río,
imagen fiel de otra corriente
sin entrevista luz ni ruido alguno,
sin caricia de amigo ni tibia piel vecina.
Ávido el cuerpo espera,
un estrellado viento viene
y el cuerpo no responde.
Ciego como campana abandonada
no sabe cuánto amor está guardado
entre la grave noche,
y cuánta vida nace y cuánta muere
bajo la lluvia de su oscuro polvo.
Oh estancado, vacío cuerpo solo,
sin memoria natal y sin presagios,
largo navío que no llega,
puente entre sombra y sombra
mudamente tendido.

AGOSTO, SANTA ROSA

UNA lluvia de un día puede no acabar nunca,
puede en gotas,
en hojas de amarilla tristeza
irnos cambiando el cielo todo, el aire,
en torva inundación la luz,
triste, en silencio y negra,
como un mirlo mojado.
Deshecha piel, deshecho cuerpo de agua
destrozándose en torre y pararrayos,
me sobreviene, se me viene sobre
mi altura en varias veces,
mojándome, mugiendo, compartiendo
mi ropa y mis zapatos,
también mi sola lágrima tan salida de madre.
Miro la tarde de hora en hora,
miro de buscarle la cara
con tierna proposición de acento,
miro de perderle pavor,
pero me da la espalda puesta ya a anochecer.
Miro todo tan malo, tan acérrimo y hosco.
¡Qué fácil desalmarse,
ser con muy buenos modos de piedra,
quedar sola, gritando como un árbol,
por cada rama temporal,
muriéndome de agosto!

EL POZO

ESTE pozo, qué miedo,
qué sobresalto oscuro.
Bajo la noche solos,
usando las palabras
como inconscientes varas
para tocar lo otro.
Lo otro: no nombrarlo,
no pensarlo siquiera.
Si pudiera negar,
ese acabarse todo,
ese desarbolado
amanecer del mundo
que llegará algún día.
Pero la sombra vuelve
siempre con los recados
de ese turbión de espanto,
sin lugar, sin colores,
sin música, sin viento,
con nada más que un nombre
y las lágrimas todas
del hombre que lo cercan.

AIRE ENEMIGO

QUISIERA con piedra y mano
golpear el aire, el aire
que con seca codicia me contempla
como un lugar posible,
anillo para bodas mortales.

[452]

Está tibio de cuerpos
que ha rastreado
hacia todos los riesgos,
cruel adivino de muertes, nacimientos.
¿Quién pasa por la vida como dueño,
quién no llega a la cita,
quién incólume canta?
Acá está el aire como perro hambriento,
pronto a lamer el círculo escaso de mis sueños.
—¡No toques en lo mío, no olfatees,
no escarbes cuando el barro quiere hacerse destino,
no tomes las medidas de mi sombra,
no pongas todavía rosas sobre mi nombre!
Aún está unido el polvo por la sangre,
la vida como un ramo fácilmente disperso
conserva su cíngulo de lágrimas.
Déjame que decida todavía mi sitio,
déjame, nudo de tiempo y sombra,
amanecerme.

PREGUNTAS

¿PUEDES contar el color de la lluvia,
los grados de la ausencia por su peso de sombra?
¿Aceptas, cuando bajan del cielo
los anillos del tiempo,
cómo estrechan tu infancia, tu piel o tus herbarios?
¿Puedes ver deshacerse la escalera de polvo
por donde tu alegría había crecido en nubes,
sin estupor volver al mismo sueño,
sin soñarlo volver al mismo sitio,

[453]

y no gritar y no gritar?
Una vuelta de vida, un giro bajo el sol,
y un mundo de fantasmas ha perdido sentido.
¿Puedes vivir y olvidarte que es juego,
olvidar su secreta razón y estar muriendo?

ANIVERSARIO

AÑO que vuelve,
aniversario, espejo
golpeando fidelísimamente
por su imagen,
mordiendo, destruyendo
para llevarse algo
con que hacer un fantasma.
Pasa, flecha central,
flecha sin peso;
todo queda en lo mismo,
pero hay ceniza, hay humo,
hay escamas y olvidos
sobre cosas
y hay relieves
que la sombra se lleva
a mayor gloria.

ENCUENTRO Y PÉRDIDA

SE va la tarde de hoy,
voy a perder las gracias ofrecidas.
La memoria entreabierta
señala una pradera fresca de tiempo antiguo
para por él hundirse,
para tornar por ella,
hacia la edad sin prisa ni cansancio,
despertarla, pedirle sus promesas,
recobrar mi alma dulce,
mi confianza,
el fuego aquél sin humo ni agonía.
Pero el atardecer llega
como lluvia total, a disolver
el tiempo en el que pude renacer
—o morir— hacia algo eterno.
Todo tiembla:
un último rayo de sol en las terrazas,
una isla de nube, un solo pájaro;
todo corre, se ordena, se concierta
en un signo preciso de abandono,
para apagar la fiesta aquí,
para ir más lejos,
a dar en otras manos las antorchas.
Todo estaba a mi alcance,
todo de pronto es nada.

SOBREVIDA

DAME noche
las convenidas esperanzas,
dame no ya tu paz,
dame milagro,
dame al fin tu parcela,
porción del paraíso,
tu azul jardín cerrado,
tus pájaros sin canto.
Dame, en cuanto cierre
los ojos de la cara,
tus dos manos de sueño
que encaminan y hielan,
dame con qué encontrarme,
dame, como una espada,
el camino que pasa
por el filo del miedo,
una luna sin sombra,
una música apenas oída
y ya aprendida,
dame, noche, verdad
para mí sola,
tiempo para mí sola,
sobrevida.

CAMBIOS

PUEDE cambiar la vida
sus ramas, como un árbol
cambia las suyas desde

el verde hasta el otoño.

Puede, pilar oscuro,
suplicio oscuro, puede
recubrirse de frutos
como un mes de verano.

Ah puede también caer,
caer no sé hasta dónde,
como cae el poema,
o el amor en la noche

hasta no sé qué fondo
duro y ciego y terrible,
tocando el agua madre,
el manantial del miedo.

FINAL DE FIESTA

LA blanca mesa puesta de esperanza,
el pan, la fruta, el agua, nuestros sueños,
el dispendioso amor sobre los platos
¿serán fiesta y temor y turbamiento,
seguirán siendo diario don y deuda
a no sabido plazo, todavía?
¿Siempre la taza ardiente ante nosotros
y el hambre alegre, enfrente y compañera?
Al fin se nos dirá: éste es el día,
los frutos de la tierra se acabaron,
para mañana encontraréis sustancias
inútiles y un pan equivocado,

[457]

copas vacías, donde el tiempo empieza
a arrepentirse de lo que ha pasado,
una insufrible desazón del ocio,
y una menguante nube de palabras
ajenas, lloviendo en nuestro polvo.

LA LUZ DE ESTA MEMORIA
[1949]

Para Ángel

a pesar de la sangre que procura
cubrir de noche oscura
la luz d'esta memoria.

LOPE DE VEGA

LA NOCHE, ESTA MORADA

e il naufragar m'é dolce in questo mare.

LEOPARDI

LA noche, esta morada.
donde el hombre se encuentra
y está solo,
a punto de morir y comenzar
a andar en aires otros.

El mundo va a perder nubes, caballos,
vacila,
      se asombra,
           se deshace,
cae como en los bordes del deseo
pero ya sin milagro.
Despacio la esperanza
viste su piel de olvido.
No veo más allá
de un nombre que he llamado
letra a beso a caricia
a rosa abierta a vuelo ciego a llanto.

Y como todo está deposeído,
todo con el pie justo
para tocar en tierra oscura,
el cielo vuelto un hueco sin voz
y sin orillas,
ya no soy yo la pobre,

[461]

medida entre mortales, melancólicos aires,
cuerpo cegado de luz o simple lágrima.
Lo que este mar, esta crecida sombra
va perdiendo,
viene a salvarse en mí,
nube siempre,
        caballo azul,
                eterno cielo.

ROSA INÚTIL

HOY desde un viento triste,
sola como en el canto
he visto al aire abrirse
vanamente en preguntas.
La inútil rosa abierta
duerme para su muerte.
¿De quién la culpa?
¿A quién golpear el nombre?
No hay nueva piel para cantar en ella,
un país inocente donde hubiera nacido,
ni un agua de segura pureza.
Busca aire suyo el pétalo,
el no iniciado gesto,
la secreta alegría.
¿Al fin del esperar estará el humo,
donde una mano eterna
acaricia la rosa?

LUGAR DE LLANTO

TODO es lugar de llanto,
todo muerde su propia luz y gime.
Todo con uniforme celo
marchita sus posibles amapolas.

En el viento crece la lágrima
que cuando muere el amor cortamos.
En el aire hay tendidas palabras
verdes de sangre todavía.

Ya no hay sílabas ni formas
que el lento hielo haya olvidado;
no hay ya paloma que reciba
esperanza, órdenes, ramos.

El corazón quiebra sus tallos
y ni la sombra lo sostiene;
¿hay esperanza —grito—, hay esperanza?,
hasta cegar el manantial del llanto.

HUECO DE TI

ALGUIEN siente que el aire
es algo más que el aire:
lugar de ti,
desnudo sitio de tu ausencia.

Todavía más lejos corre

[463]

lebrel y muro de tu cielo;
y aquí, en olas inútiles,
quiere suplir tu imagen.
Alguien siente los gestos,
la vida, los desnudos abrazos
que hay en el aire,
labios nuestros robados
quién sabe cómo,
manos nuestras, su pulso
dueño ya del espacio,
y que hay guerra
y maravilla hecha a sueños,
a erizado corazón, a deseos
de estar los cuerpos juntos,
solos, sin aire ajeno.
Alguien muere,
por darnos ya su cielo
nuestro todo.

BORDE DEL PARAÍSO

ME ha quedado
tu labio sobre el cuerpo
para ofrecerme muerte
en signos dulces.
Un río de palabras no dichas
se ha agostado.
Criaturas sombrías
echan mi suerte a viento o fuego.
Mi sangre canta, canta,
toca la luz,

el cielo del peligro,
ruega, duele, roza el radiante
borde del paraíso.
Oh labio asombro cacería asombro
tormenta nube escalofrío
asombro.
El alfabeto entero se deshace
y tiempo atrás recobra
el gemido primero.
Amor, aparta el aire,
dame tu mano fresca,
lleva mi frente a una orilla de hierbas.
Quiero saber al fin
el lugar de la rosa,
el paraíso.

PARA QUÉ INCURRIR EN HISTORIA

PARA qué incurrir en historia,
de qué vale acariciar el pan de ayer,
con un resplandeciente dedo de lágrimas
su miga manejada.

El aire de hoy recibe las azaleas nuevas,
cuando el pétalo usado, el perfume ya triste,
mueren sin sitio.

Todo tiene su norma de olvido,
su organizada tumba y el silencio de orden.
Todo camina al día y como un musgo
se propaga en amor hacia la tarde.

Sólo yo, vestíbulo de sombras,
asilo los despojos en mi sangre
para que tiemble como un laúd de sal
y aún sobrevivo.

HUBO UN CUERPO

HUBO un cuerpo
que detrás de los vientos de verano,
más allá de los prados
donde el olvido guarda intactos gestos,
sonrió en su piel inaugural,
vistiendo un paso.

Ahora camina cerca
y respira en mi asombro;
de una nube, de una sombra de árboles,
de un niño,
toma la sinrazón de la ternura
en donde emprende el sueño.

¿Qué traza, qué descanso
en lo ya dicho busca,
con esa mano suelta que el viento le deshace,
que muere sola, sin usar, prescripta?

PRIMERO DUELE EL AIRE

PRIMERO duele el aire
y un látigo de luz salpica
el rostro de mi infancia.
No he dejado de verlo sonreír
entre los ramos de preguntas.
Tantos pájaros fueron, tanta inútil tristeza,
tantos mapas azules, verdes, rosas,
tanta arena en el viento de las playas
vuelven cuando toco su frente
y se avecinan en la luz de hoy.

Todas están durmiendo para siempre,
durmiendo en un dormido paraje de mis venas
las sombras de ese mundo,
ya criaturas de la muerte y mías.

EMBARCADEROS, BESOS

EMBARCADEROS, besos,
huida eterna del mundo
y su memoria.
El hombre en las orillas que abandona
con asombrado gesto se desgarra
y olvida,
como un poco de tierra,
su piel usual,
la sombra en que se envuelve
para rozar las gentes.
La viva luz se extraña

y en noche ya,
ignoramos qué camino comienza,
qué aguas quietas y oscuras son éstas
que nos alzan, nos llevan,
qué tierras nos aguardan,
con qué selvas,
con qué cielos abiertos de pronto
en la tristeza.
Adiós, adiós, el mundo,
la voluntad, el orden, su silencio,
la tierra ya lejana,
y esa paz leve y fría
que dejamos, como un halo,
temblando sobre los verdes pastos.
El mar dorado
el aire en guerra,
madurarán sobre la piel
las rosas momentáneas,
y al fin la libertad,
el largo olvido,
se encontrarán
al cabo de las aguas.

SUBE UN NIVEL DE SUEÑO POR EL CIELO

SUBE un nivel de sueño por el cielo
y un muro otorga su favor de blancura.
No dije triste, alto, habitual de palomas,
ni con palabra alguna llamé sobre él la gracia.
De pronto y ¿cómo?, qué confusión hermosa,
me ha ofrecido su cal sobre su barro,

su diestra soledad agrupada en el viento,
llamándome a piedad, a una piedad por todo,
por mí, porque estoy sola, contra un muro
en el cielo, ante un sueño que sube.

PARA QUIÉN, DIME AL FIN PARA QUIÉN

PARA quién, dime al fin para quién
yo, en el silencio que acompaña al tiempo
y esta luz que desciende lentamente
siempre hacia el mar, siempre hacia el mar.
Otra vez arista por arista
se van los cuerpos. ¿Dónde están?
No hay color,
queda confiado el sitio a la memoria
pero ya no hay memoria,
encuentro sólo un cielo sin orillas,
una pena celeste donde la noche
recomienza el sueño.

A FUERZA DE DECIR: ESTO NO SIRVE

A fuerza de decir: esto no sirve,
de deshojar sin piedad por el aire
los amores del día, la esperanza,
y de no ver las plumas del recuerdo
que el viento trae a morir en las ventanas,
esta bahía de humo sin cesar ni motivo

que me sube en el pecho,
luego de este desprecio diario a mi corazón,
¿qué tendré un día, cuando la niebla pase,
entre las manos?

ELEGÍAS EN OTOÑO

A José Bergamín

¡Esta lira de muerte!

A. MACHADO

I

HAY días que parecen prestados por la muerte.
Como llamada desde lejos
su luz vacila y huye,
y con ella también, sin esperanza,
algo nuestro se va,
fugitivo de un cuerpo, de una tierra vacíos.
Las flores nos ofrecen,
con qué dulzura fúnebre, su aroma
que no sentimos ya,
su frescura, que nada nos debe,
como una despedida,
como un augurio de la primavera
que quizás pronto y por única vez
se encenderá en nosotros.

La muerte abre sus parques
y su perfume invade los olores terrestres.
Vetas de su aire impuro

[470]

ondulan como un canto de flauta
en nuestro aire,
hostigando las aves,
el pecho de los hombres.
Cuando el último cielo de luz
queda invadido,
cuando inocentes sitios
pierden entre la niebla
el brillo de sus horas,
¡qué solo queda el ser que se aventura
en esta tierra ajena!

Todo está lejos;
como en la noche nos inclinamos
sobre la sombra de un sueño
y apenas agitada su onda frágil
se desvanece,
dejándonos su puro destello,
así se va la tierra que pisamos,
así de pronto todo, amor o hiedra,
es un vano pretexto del deseo,
forma huidiza, nube.
Sólo el recuerdo,
quebrado en piedras falsas,
finge la luz,
rescata la hermosura.

II

Cuántas sombras,
cuántos pálidos nombres vienen en el otoño
a morir en el fondo de algún agua quieta.
Cuántas sedas ajadas

[471]

se alzan de pronto fúnebres, tensas.

Hay que subir al cielo con los ojos cerrados,
tocar tu nombre nada más y apenas
y arrancando una pluma del corazón de ayer
hacer nacer el ramo azul de la alegría.
Y no sentir el fruto preparado en la tierra
pronto en cualquier momento
para abrirse y llamarnos
con su perfume denso,
hecho al amor de tantas primaveras.
Y no ver por la orilla pálida de las cosas
la soledad mirándonos el rostro,
poniéndonos su número,
su orden, esa luz roja del ocaso,
al pecho.

NOTA EXPLICATIVA A ESTA EDICIÓN

La presente *Poesía reunida* no acopia todos los poemas que Ida Vitale ha escrito desde los años cuarenta, y aun antes, sino que más bien recoge los poemas que en sus libros publicados en diversas ediciones y países de habla hispana la propia autora ha querido también ir afinando o podando, al reeditarlos a lo largo de casi siete décadas («es imperdonable reducir la poesía a su máxima expresión», ha escrito). Siempre situada en el límite, entre la reelaboración de los poemas más distantes, lo que implicaría «un apego exagerado a ellos» y «no corregir el exceso de inepcias, una falta de respeto al propósito mismo de publicarlos», como advirtió en 1986 para *Sueños de la constancia*, con el que ordenó su poesía desde 1949.

Además, en dicha recopilación los libros que la integraban se presentaron en sentido contrario al común: los más antiguos al final, los más recientes, al principio. Como se siguió idéntico criterio en esta misma editorial en 2002 para *Reducción del infinito* —nuevos poemas seguidos de una antología inversa—, se ha preferido respetar el reiterado precedente, que no obedecería sólo al intrínseco carácter lúdico o al desplazamiento de los límites en casi toda la poesía de Ida Vitale, sino a que el complementario hábito del asombro y el afán de perfección le han deparado siempre una suerte de cauta confianza en el futuro, en un deber de fe: «Por no seguir caminos fraudulentos / perdí quizás imagen y relieve, / perdí la prisa, quise pisar leve / en la historia, sin arrepentimientos», leyó al serle entregado el Premio Reina Sofía de Poesía Iberoamericana.

En las diversas antologías de su obra que se han venido sucediendo en Europa o América en estos últimos años, Ida Vitale ha vuelto a retocar apenas algunos poemas, sobre todo los anteriores al fundamental libro *Procura de lo imposible*, decisivo en su trayectoria. Esos cambios, introducidos sobre todo en *Cerca de cien*, en edición de la autora en Madrid (2015), *Ni plus ni moins*, de Baron-Supervielle y

Maspero en París (2016), y *Todo de pronto es nada,* de Bruña Bragado en Salamanca (2015), se han incorporado a esta edición, que recupera las obras publicadas originalmente por las editoriales Fondo de Cultura Económica, Pre-Textos o Ditoria.

Esta *Poesía reunida* asimismo añade una amplia selección de los poemas que componen algunas de las entradas del asombroso y singular glosario *Léxico de afinidades;* los que integran *Mínimas de aguanieve,* su obra más reciente; así como doce no recogidos aún en libro autónomo y que, agrupados aquí con el título de «Antepenúltimos», proceden de la mencionada antología *Todo de pronto es nada,* de *La voz de Ida Vitale,* publicado por la Residencia de Estudiantes de Madrid, y de la revista sevillana *Sibila* (enero de 2015). Con todo ello estas páginas dan cabal cuenta de la «política poética» de su obra y del decurso excepcional de su trayecto hasta el año 2015: «la poesía busca sacar de su abismo ciertas palabras que puedan constituir el tejido de cicatrización tras el que todos andamos sin saberlo».

Aurelio Major
Barcelona, 2017

ÍNDICE DE POEMAS